音声アプリ&DL対応

メディアビーコン 著
Jun 監修

TOEIC® L&R TEST
Part 3&4の鬼退治

TOEIC® is a registered trademark of ETS.
This product is not endorsed or approved by ETS.

JN129812

Gakken

鬼退治とは何か？

　本書の執筆に当たっては TOEIC L&R TEST を毎回受験しながら出題傾向を丹念に分析し、スコアアップはもちろん学習者の英語力そのものが高まる精選問題を作成しました。

　本番のテストでは全体の問題数が 200 問。そのうち 69 問という数を Part 3&4 が占めています。なんとそれは全体の 34 パーセント以上です。にもかかわらず、多くの受験者が要点を聞き取ることができず、むなしく音声だけが右から左へと耳を抜けていき、正解を導き出すことができないという苦い思いをしています。

　ハイスコア獲得をはばむ「Part 3&4 の鬼」を退治してみませんか。Part 3&4 の鬼（＝攻略すべき問題）を退治して、730 点~満点をねらいましょう。

　本書は音声解説も充実しています。ご自宅や図書館などで本書の問題を解いたら外に出てください。外の空気を吸いながら、あるいは次の予定場所へ向かいながら、鬼退治のポイントを耳で聞くことができます。

　限られた時間を有効に使うという発想は、TOEIC スコアアップには欠かせない姿勢であり、本書もそれを貫きます。音声も使って、ぜひ 1 日 24 時間という限られた時間を TOEIC の学習のために効率的に使ってください。

目次

鬼退治とは何か? ……………………………………………… 003
本書の構成 …………………………………………………… 006
TOEIC L&R TEST 問題の構成 ………………………………… 008
音声のご利用方法 …………………………………………… 010

序章	**Part 3&4 の鬼退治の極意** …………………… 011
第一の鬼	**概要を問う問題**を攻略する ………………… 021
第二の鬼	**依頼・提案・申し出の内容を問う問題**を攻略する …………………… 033
第三の鬼	**今後の行動を問う問題**を攻略する ………… 043
第四の鬼	**詳細を問う問題**を攻略する ………………… 053
第五の鬼	**意図を問う問題**を攻略する ………………… 061
第六の鬼	**図表付きの問題**を攻略する ………………… 073
第七の鬼	**[Part 3] 同僚同士の会話**を攻略する ……… 085
第八の鬼	**[Part 3] B to B の会話**を攻略する ………… 093

第九の鬼	[Part 3] B to C の会話を攻略する	103
第十の鬼	[Part 4] アナウンスを攻略する	111
第十一の鬼	[Part 4] 広告・宣伝を攻略する	121
第十二の鬼	[Part 4] スピーチを攻略する	131
第十三の鬼	[Part 4] 会議を攻略する	139
第十四の鬼	[Part 4] ニュース・ラジオを攻略する	149
第十五の鬼	[Part 4] 電話メッセージを攻略する	159

模試1	問題	167
模試1	解答・解説	191
模試2	問題	255
模試2	解答・解説	279

正解一覧 …… 342

本書の構成

● 講義―自分に何が足りないのかを見つける旅

　少しの知識と、少しの視点の転換により、Part 3 と Part 4 はたちまち得意パートに変わります。本書では、少女が鬼ノ城に鬼退治に行くという、ちょっとしたオリジナルストーリーをあえて入れています。ロールプレイングゲームとまでは言えませんが、ページを繰るたびに、1歩ずつ力をつけていくプロセスをぜひ楽しんでください。第一の鬼～第十五の鬼まで、少女の成長とともに、Part 3&4 攻略の最重要ポイントを紹介します。

① まずは敵を知る		その章で学ぶ問題タイプの概要を説明しています。
② 攻略法		各問題タイプを攻略するためのポイントを一言でまとめています。続く具体的な解説を読み、理解を深めていきましょう。
③ 音声		ネイティブスピーカーと日英バイリンガルナレーターによる、解説の読み上げ音声があります。（音声入手ガイドは P.010 参照）

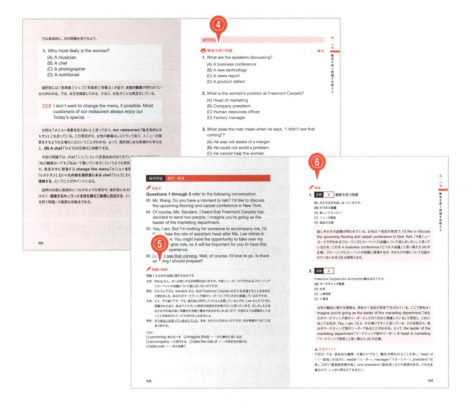

● 練習問題

④ 問題タイプ	どの設問がその章で扱った問題タイプなのかがわかります。講義で学んだことを思い出しながら、問題を解くようにしましょう。
⑤ 和訳	本文、設問の和訳を掲載しています。
⑥ 解説	本文の内容理解から設問で何が問われているかまで、わかりやすく解説します。特に注意すべき問題には、「注意ポイント」という補足の解説も入れています。

007

TOEIC L&R TEST 問題の構成

リスニングセクション（約45分間・100問）
会話やナレーションを聞いて設問に解答

Part 1
写真描写問題 ▸▸▸ 6問

1枚の写真について4つの短い説明文が1度だけ放送される。説明文は印刷されていない。4つのうち、写真を最も的確に描写しているものを選び、解答用紙にマークする。

Part 2
応答問題 ▸▸▸ 25問

1つの質問（または文章）とそれに対する3つの応答がそれぞれ1度だけ放送される。印刷はされていない。最初の発言に対して最もふさわしい応答を選び、解答用紙にマークする。

Part 3
会話問題 ▸▸▸ 39問

2人または3人の人物による会話が1度だけ放送される。会話を聞いて問題用紙に印刷された設問と選択肢を読み、答えとして最も適当なものを選び、解答用紙にマークする。各会話には設問が3問ずつあり、それぞれに選択肢が4つ。会話の中で聞いたことと、問題用紙に印刷された図表の情報を関連づけて解答する設問もある。

Part 4
説明文問題 ▸▸▸ 30問

アナウンスやナレーションのようなミニトークが1度だけ放送される。各トークを聞いて問題用紙に印刷された設問と選択肢を読み、答えとして最も適当なものを選び、解答用紙にマークする。各トークには設問が3問ずつあり、それぞれに選択肢が4つ。トークの中で聞いたことと、問題用紙に印刷された図表の情報を関連づけて解答する設問もある。

リーディングセクション（75分間・100問）
印刷された問題を読んで設問に解答

Part 5
短文穴埋め問題 ▶▶▶ 30問

不完全な文を完成させるために、4つの選択肢の中から最も適当なものを選び解答用紙にマークする。

Part 6
長文穴埋め問題 ▶▶▶ 16問

不完全な文章を完成させるために、4つの選択肢（単語や句または一文）の中から最も適当なものを選び解答用紙にマークする。各長文には設問が4問ずつある。

Part 7
読解問題
1つの文書 ▶▶▶ 29問
複数の文書 ▶▶▶ 25問

いろいろな種類の文書が登場する。設問を読み、4つの選択肢の中から最も適当なものを選び解答用紙にマークする。各問題セットには設問が2～5問ある。

音声のご利用方法

方法 1

音声再生アプリで再生する

　右の二次元コードをスマホなどで読み取るか、下の URL にアクセスしてアプリをダウンロードしてください。ダウンロード後、アプリを起動して『TOEIC L&R TEST Part 3&4 の鬼退治』を選択すると、端末に音声がダウンロードできます。

https://gakken-ep.jp/extra/myotomo/

方法 2

MP3 形式の音声で再生する

　上記の方法 1 の URL、もしくは二次元コードでページにアクセスし、ページ下方の【語学・検定】から『TOEIC L&R TEST Part 3&4 の鬼退治』を選択すると、音声ファイルがダウンロードされます。

ご利用上の注意

　お客様のネット環境およびスマホやタブレット端末の環境により、音声の再生やアプリの利用ができない場合、当社は責任を負いかねます。また、スマホやタブレット端末へのアプリのインストール方法など、技術的なお問い合わせにはご対応できません。ご理解いただきますようお願いいたします。

Prologue
序章

Part3&4の鬼退治の極意

Part 3&4 の鬼ですって!?

そうじゃ、
君のスコアアップを巧みにはばむ
鬼が潜んでいるんじゃ。

Part 3 と Part 4 の違い

師匠、Part 3 と Part 4 の一番大きな違いは何ですか？

Part 3 では 2 人または 3 人の人物による会話が流れるのに対し、Part 4 では 1 人の人物によるトークが流れる。
複数人の会話なのか、1 人だけが話しているのか。
そこが最も大きな違いじゃ。

Part 3	2 人または 3 人の人物による「会話」
Part 4	1 人の人物による「トーク」

では、どちらの方が難しいんでしょうか？

どちらが難しいかは一概には言えん。
人によって得意・不得意が分かれるじゃろう。
例えば Part 3 なら、「話している人物がコロコロと変わっていく点が難しい」と感じる者もおれば、「会話の相手の反応も聞けるから話の内容や流れを追いやすい」と感じている者もおる。
Part 4 であれば、「1 人が一方的に話し続けるから途中で付いていけなくなる」という難しさもあれば、「順序立てて話されることが多いから内容を理解しやすい」という点で易しいと考えることもできるんじゃ。

そうなんですね。わたしはどっちが苦手なんだろう…

自分はどちらが得意でどちらが苦手なのか、それを把握しておくことは非常に大切じゃ。
問題自体の形式や基本的な解き方は Part 3 と Part 4 で大きく変わらんが、本文を聞き取るときの姿勢は異なってくる。
自分の苦手な Part に関しては、解く問題の量、トレーニングの量を増やして慣れておくのがオススメじゃ。

解き方の基本

Part 3 と Part 4 の問題はどう解けばいいんですか？
音声を聞いたり設問を読んだりマークシートにマークをしたり、
やることがいっぱいで何をどうすればいいのか…

いろんな解き方があるじゃろうが、
ワシが勧めるのはこの流れじゃ。

〈本文の音声が流れる前〉

① 3つの設問文を先読みする
　（図表があれば合わせてチェック）

② 余裕があれば選択肢も先読みする

〈本文の音声が流れている間〉

③ 設問を見ながら音声を聞く

④ 正解がわかったら一旦マークシートに軽くマークする

〈本文の音声が流れた後〉

⑤「No. XX. ～」と設問文が読み上げられている間に、
　軽くつけたマークをしっかりと塗る

できる限り音声に集中できるように、
丁寧にマークするのは後回しにするのがオススメじゃよ。

それはたしかに効率的だわ！
でも師匠、私は全部先読みできるかが一番心配です。
設問文だけじゃなくて選択肢も先読みした方が良いんですか…？

選択肢の先読みは、あくまで「余裕があれば」じゃ。
基本的には設問文の先読みだけで十分。
難問の場合は選択肢を把握していた方が解きやすいということもあるが、4つの選択肢のうち3つは間違いなのだから、余裕がないのに無理にすべて読んだら返って逆効果になってしまうのだよ。
自分の現状のレベルとそのときの状況に合わせて、選択肢を先読みするかを判断するのじゃ！

設問の先読み

Part 3とPart 4では「先読み」がかなり重要だと聞いたことがあります。ただ、先読みしていてもいまいち効果が感じられないんです…

もしかして「読んでいるだけ」になっておらんか？
先読みをする目的は、
何が問われているのかをつかむことだけではない。
先読みで、話の展開も予想できることがあるんじゃ。

まだ音声が流れてもいないのに、
展開がつかめる…？

そうじゃ。
例えば、次のような3つの設問文が並んでいたとする。

- What are the speakers mainly discussing?
  (話し手たちは主に何について話し合っていますか)
- What problem does the man mention?
  (男性はどんな問題について話していますか)
- What does the woman suggest?
  (女性は何を提案していますか)

これら3つを先読みしたとき、
「ある議題について話し合っている最中で、その中で何か問題点があることを男性が指摘し、最終的に女性が解決策か何かを提案する？」というような話の展開が予想できる。

本当だ…！
1つ1つバラバラで考えていました。

3つの設問は同じ会話・同じトークに関するものなんじゃから、
セットで考えるべきじゃ。
他にも先読みで読み取れること・意識すべきことはたくさんあるが、
問題の種類によって異なる部分もある。
それらは、それぞれの問題タイプの学習の中で学んでいくんじゃ！

誤答のひっかけパターン

ところで、Part 3 と Part 4 の誤答のひっかけパターンについて知っておるか？

誤答のひっかけ…？

知らんようじゃな。
実は内容の理解度を適切に測れるように、
選択肢の中に紛らわしい誤答が入れられているんじゃ。

それはどんなひっかけなんですか？

よくあるのは次のパターンじゃ。

① 同じ単語を使ったひっかけ
② 連想のひっかけ

①は、話し手の発言の中に登場した単語をあえて含めたような誤答パターン。
ピンポイントで単語を聞き取れただけでは答えられないようにしているんじゃ。
②は、話のトピックに合った内容の誤答パターン。
「(A)の根拠が聞こえたような気がするけど、全体的に○○系の話をしていたっぽいから(B)かなぁ…」と、悩ませてくる。

そんなひっかけが用意されていたんですね…
選択肢にある単語が聞こえたら、
その選択肢を選んでしまっていました。

ある程度の点数まではその方法でも問題ない。
が、800点以上を目指すのであれば、しっかりと内容を理解した上で正解を選べるようになることが必須じゃ。
選択肢に含まれる単語が聞こえたからと言ってすぐに飛びつかないこと。

本文と設問文または選択肢での言い換え（パラフレーズ）

Part 3とPart 4は、
英文が聞き取りさえすれば正解が選べますか？

断じてそんなことはない。
本文で使われている語句がそのまま正解の選択肢になっていることもあるが、そんなシンプルな問題ばかりではない。
実は、本文で述べられたことが、設問文や選択肢では別の表現で言い換えられて登場することが多いんじゃ。

そんな…
せっかく根拠が聞き取れても正解が選べないかもしれないんですね…

本当に内容を理解しているか、十分な語彙力があるか、ということも測られておるからな。
ただし、そんなに不安になることはない。
というのも、よく出てくる言い換えのパターンがあるから、それらをできるだけ覚えておけば安心なんじゃ。
ここに Part 3 と Part 4 で頻出の言い換えパターンをまとめておくから、一通り確認しておくとよい。

■ 広い意味の語句との言い換え

▶ **交通手段**　　　**transportation**
- タクシー　　　taxi
- 電車　　　　　train
- 飛行機　　　　airplane
- シャトルサービス　shuttle service

▶ **乗り物**　　　　**vehicle**
- 車　　　　　　car
- バス　　　　　bus
- トラック　　　truck
- 小型トラック　van

▶ **装置**　　　　　**device**
- 電話　　　　　phone
- パソコン　　　computer
- プロジェクター　projector

▶ **飲み物**　　　　**beverage**
- コーヒー　　　coffee
- お茶　　　　　tea
- 水　　　　　　water

- ▶ 食事 **meal**
  - ・朝食　　breakfast
  - ・昼食　　lunch
  - ・夕食　　dinner

- ▶ イベント **event**
  - ・宴会　　banquet
  - ・昼食会　luncheon
  - ・パーティー　party
  - ・歓迎会　reception
  - ・祝祭　　gala

- ▶ ～に連絡する **contact**
  - ・～にEメールを送る　e-mail
  - ・～に電話する　call

- ▶ 書類 **document**
  - ・報告書　report
  - ・ファイル　file
  - ・資料　　handout

■ 類似語／類似表現との言い換え

・商品	merchandise	≒	product
・問題	issue	≒	problem
・～を修理する	repair	≒	fix
・無料	complimentary	≒	free
・予約	reservation	≒	booking
・請求書	invoice	≒	bill
・顧客	customer	≒	client
・会議	convention	≒	conference
・原稿	draft	≒	manuscript
・同意書	agreement	≒	contract
・同僚	coworker	≒	colleague
・認可	authorization	≒	permission

・分野	field	≒	industry
・期間	term	≒	period
・参加者	attendee	≒	participant
・通路	hallway	≒	corridor
・合間	intermission	≒	break
・所持品	belongings	≒	possessions
・料金	rate	≒	fee
・食事	buffet	≒	meal
・料理	cuisine	≒	food
・健康	fitness	≒	health
・展示会	exhibition	≒	fair
・お祭り	festival	≒	fair
・家族	family	≒	relatives
・小冊子	brochure	≒	booklet
・特徴	feature	≒	characteristic
・業績	performance	≒	achievement
・機会	chance	≒	opportunity
・職	position	≒	post
・報酬	reward	≒	remuneration
・成功	achievement	≒	success
・評価	assessment	≒	appraisal

Stage 1

第一の鬼

概要を問う問題を攻略する

これが鬼ノ城か…。

なんだか怖いわね。

どんな戦いが待っているのか。
わたしは強くなれるだろうか…。

Stage 1

第一の鬼

概要を問う問題

まずは敵を知る

「概要を問う問題」とは、音声で流れてくる**話の全体に関係する情報**を問うものである。このタイプの問題は、3つの設問のうち1番目の設問で出題されることが多く、話の目的やトピック、話が行われている場所、話し手の職業・職場などが問われる。Part 4の場合は、話し手だけでなく聞き手の職業も問われることがある。

◀ 01

攻略法 その一　定番の設問文を押さえる

「概要を問う問題」は話の全体に関係する情報を問う問題だが、その中でもどんな情報を問うのかは問題によって異なる。ただ、このタイプの問題でよく問われる内容には定番のものがあり、大きく以下の4つの内容がある。

〈話の目的を問う〉
- Why does the man call the woman?
  （男性はなぜ女性に電話していますか）
- What is the purpose of the announcement?
  （お知らせの目的は何ですか）

〈話のトピックを問う〉
- What are the speakers discussing?
  （話し手たちは何について話し合っていますか）
- What is the advertisement mainly about?
  （広告は主に何についてのものですか）

〈話が行われている場所を問う〉
- Where does the conversation take place?
  （会話はどこで行われていますか）

- Where is the announcement taking place?
  （お知らせはどこで行われていますか）
- Where most likely are the speakers?
  （話し手たちはどこにいると考えられますか）

〈話し手／聞き手の職業・職場を問う〉
- Who most likely are the speakers?
  （話し手たちは誰だと考えられますか）
- Where does the woman work?
  （女性はどこで働いていますか）
- What area do the listeners most likely work in?
  （聞き手たちはどのような分野で働いていると考えられますか）

このタイプの問題を攻略するにあたって、**具体的にどんな設問がこのタイプにあたるのかをまず把握しておく**ことが前提となる。せっかく攻略法を知っていても使うべきタイミングを知らなくては意味がない。

上にまとめた定番の内容、そしてそれに対応する設問文の例をまず頭に入れておこう。実際に問題を解くときにそれらに出合ったら、**「概要を問う問題だ」**という意識で**問題を解く**ことが重要となる。

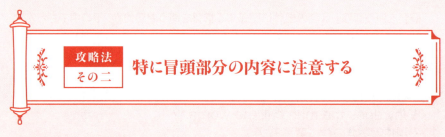

攻略法 その二　**特に冒頭部分の内容に注意する**

この「概要を問う問題」の攻略法の１つは、**流れてくる音声の冒頭部分に特に注意する**、ということ。実は、このタイプの問題の解答根拠は、本文の冒頭部分に登場する可能性が高い。

例えば、次のような設問があったとする。

1. Why is the man calling?
   (A) To reschedule an appointment
   (B) To inquire about an event
   (C) To cancel his order

(D) To inform a coworker of a problem

　この設問では、話し手である男性がなぜ電話をしているのか、その理由が問われている。では、本文を確認していく。すると、本文の冒頭では次のように話している。

男性　Hi, I'm calling to ask about the details of Sunday's volunteer event. …

　男性は、「こんにちは、日曜のボランティアイベントの詳細について聞きたくてお電話しました」と言っている。よって、男性が電話をしている理由として適切なのは、**(B) To inquire about an event**「イベントについて問い合わせるため」とわかる。

　この問題のように、**話の目的など全体に関わるような内容については、話し手が冒頭で触れている確率が高い**。話全体の内容を聞き取ることはもちろん大事だが、設問を先読みしたときに「概要を問う問題」を見つけたら、「冒頭部分にヒントが出てくるだろう」という意識を持つことがカギ。

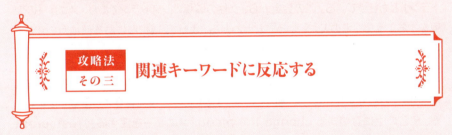

攻略法　その三　関連キーワードに反応する

　先ほどの例では、電話をした理由を問う問題に対して、**I'm calling to do ~.**「~するために電話をしています」という直接的な表現を使った発言が根拠となっていた。設問に答えるための根拠がこのようにシンプルな形で、わかりやすく登場することもあるが、この「概要を問う問題」の根拠のすべてがそうとは限らない。

　そのときに重要なのが、**正解につながる関連キーワードに気付く**、ということ。「概要を問う問題」では話の全体像について問われるため、実際は、**発言の中ではっきりとした根拠が出てこないことの方が多い**。選択肢にあるものが登場するのではなく、**いずれかの選択肢につながるようなキーワード**が登場し、そこから結び付けて概要を理解し、正解を選ぶのである。

では具体的に、次の問題を見てみよう。

1. Who most likely is the woman?
(A) A musician
(B) A chef
(C) A photographer
(D) A nutritionist

選択肢には「音楽家」「シェフ」「写真家」「栄養士」が並び、**女性の職業**が問われているのがわかる。では、本文を確認してみる。すると、女性がこんな発言をしている。

> 女性 I don't want to change the menu, if possible. Most customers of our restaurant always enjoy our Today's special. …

女性は「**メニューを変えたくない**」と言っており、**our restaurant**「**私たちのレストラン**」とも言っている。この発言から、女性の職場はレストランであり、メニューの変更をするような立場の人だということがわかる。よって、選択肢にある候補から考えると、**(B) A chef**「シェフ」が正解だと判断できる。

今回の問題では、chef「シェフ」という言葉自体が出てきていないことはもちろん、「私の職業は〜です」「私は〜で働いています」というような発言さえも登場しない。ただ、発言の中に登場する **change the menu**「メニューを変える」、**restaurant**「レストラン」といった内容を選択肢にある **chef**「シェフ」という職業と結び付けて**理解する**、ということがポイントとなる。

設問の内容に直接的につながるような発言や、選択肢にある単語を待ち構えるのではなく、**関連するキーワードを待ち構えて敏感に反応する**、ということが、この「概要を問う問題」の重要な攻略法である。

練習問題

 概要を問う問題　◀02

1. What are the speakers discussing?

   (A) A business conference
   (B) A new technology
   (C) A news report
   (D) A product defect

2. What is the woman's position at Freemont Carpets?

   (A) Head of marketing
   (B) Company president
   (C) Human resources officer
   (D) Factory manager

3. What does the man mean when he says, "I didn't see that coming"?

   (A) He was not aware of a merger.
   (B) He could not avoid a problem.
   (C) He cannot help the woman.
   (D) He did not expect a promotion.

練習問題　解答・解説

🔖 会話文

Questions 1 through 3 refer to the following conversation.

W: Mr. Wang. Do you have a moment to talk? I'd like to discuss the upcoming flooring and carpet conference in New York.

M: Of course, Ms. Sanders. I heard that Freemont Carpets has decided to send two people. I imagine you're going as the leader of the marketing department.

W: Yes, I am. But I'm looking for someone to accompany me. I'd like to take the role of assistant head after Ms. Lee retires in December. You might have the opportunity to take over my current higher role, so it will be important for you to have this kind of experience.

M: <u>I didn't see that coming</u>. Well, of course, I'd love to go. Is there anything I should prepare?

🔖 問題の和訳

問題 1-3 は次の会話に関するものです。

女性：Wang さん。少しお話しするお時間はありますか。今度ニューヨークで行われるフローリングとカーペットの会議について話し合いたいのですが。

男性：もちろんですよ、Sanders さん。私は Freemont Carpets 社が 2 名派遣することを決めたと聞きました。あなたがマーケティング部のリーダーとして行くのかと想像しているのですが。

女性：ええ、その通りです。でも、誰か私に同行してくれる人を探しているんです。Lee さんが 12 月に退職されたあと、私はアシスタント部長の役割を引き受けたいと思っています。もしかしたらあなたは今の私の高い役職を引き継ぐ機会があるかもしれないので、今回のような経験をしておくことがあなたにとって大切かもしれませんよ。

男性：そう来るとは思っていませんでした。まあ、もちろん行きたいのですが。何か準備すべきことはありますか。

[語注]
☐ upcoming 来たるべき　☐ imagine (that) 〜　〜だと勝手に思い込む
☐ accompany 〜に同行する　☐ take the role of 〜　〜の役を引き受ける
☐ take over 〜　〜を引き継ぐ

🔥 解説

1. 正解 **A** 　概要を問う問題

話し手たちは何を話し合っていますか。
(A) ビジネス会議
(B) 新しいテクノロジー
(C) ニュース報道
(D) 商品の欠陥

> 話し手たちの話題が問われている。女性は1回目の発言で、I'd like to discuss the upcoming flooring and carpet conference in New York.「今度ニューヨークで行われるフローリングとカーペットの会議について話し合いたい」と言っているため、これを A business conference「ビジネス会議」と言い換えた (A) が正解。フローリングとカーペットが話題に登場するが、それらの欠陥については話されていないため (D) は誤答となる。

2. 正解 **A**

Freemont Carpets 社における女性の職位は何ですか。
(A) マーケティング部長
(B) 社長
(C) 人事部員
(D) 工場長

> 女性の職位に関する情報は、男性の1回目の発言で示されている。ここで男性は I imagine you're going as the leader of the marketing department.「あなたがマーケティング部のリーダーとして行くのかと想像している」と発言し、これに対して女性が、Yes, I am.「ええ、その通りです」と返している。この会話から、彼女がマーケティング部のリーダーであることがわかる。よって、the leader of the marketing department「マーケティング部のリーダー」を Head of marketing「マーケティング部長」と言い換えた (A) が正解。

⚠️ 注意ポイント
TOEIC では、具体的な職業・仕事だけでなく、職位が問われることも多い。head of ～「～部長」のほかに、leader「リーダー」、manager「マネージャー」、president「社長」、CEO「最高経営責任者」、vice president「副社長」などの表現がある。どれも定番なので、しっかり押さえておきたい。

第一の鬼　概要を問う問題を攻略する

3. 正解 D

"I didn't see that coming" という発言で、男性は何を意図していますか。

(A) 彼は合併について気付いていなかった。
(B) 彼はその問題を避けられなかった。
(C) 彼はその女性を助けられない。
(D) 彼は昇進を期待していなかった。

> 下線部の直前で、女性は男性に You might have the opportunity to take over my current higher role「あなたは今の私の高い役職を引き継ぐ機会があるかもしれない」と、男性の昇進の可能性について示唆している。そして、男性はそれを受けて I didn't see that coming.「そう来るとは思わなかった」と返している。つまり、男性にとってその昇進が予想外であったということが判断できる。よって、(D) が正解。I didn't see that coming. は予想外の出来事や展開に驚いたときに使うフレーズで、海外ドラマや映画でよく登場する。

[語注]
□ be aware of 〜 〜に気付いている　□ merger 合併

攻略法まとめ
概要を問う問題

 その一

定番の設問文を押さえる

- 具体的にどんな設問がこのタイプにあたるのかをまず把握しておくことが前提
  - → **定番の内容**と、それに対応する**設問文の例**を押さえておく

  〈話の目的を問う〉

  Why does the man call the woman?
  （男性はなぜ女性に電話していますか）

  What is the purpose of the announcement?
  （お知らせの目的は何ですか）

  〈話のトピックを問う〉

  What are the speakers discussing?
  （話し手たちは何について話し合っていますか）

  What is the advertisement mainly about?
  （広告は主に何についてのものですか）

  〈話が行われている場所を問う〉

  Where does the conversation take place?
  （会話はどこで行われていますか）

  Where is the announcement taking place?
  （お知らせはどこで行われていますか）

  Where most likely are the speakers?
  （話し手たちはどこにいると考えられますか）

  〈話し手／聞き手の職業・職場を問う〉

  Who most likely are the speakers?
  （話し手たちは誰だと考えられますか）

  Where does the woman work?
  （女性はどこで働いていますか）

  What area do the listeners most likely work in?
  （聞き手はどのような分野で働いていると考えられますか）

> その二

特に冒頭部分の内容に注意する

- 流れてくる音声の**冒頭部分に特に注意**して、根拠を聞き取る
  - → 全体に関わるような内容については、冒頭で触れている確率が高い

> その三

関連キーワードに反応する

- 選択肢にある語句ではなく、**いずれかの選択肢につながるようなキーワード**を聞き取る
  - → はっきりとした根拠が出てこないことの方が多い

Stage 2

第二の鬼

依頼・提案・申し出の内容を問う問題を攻略する

少女が
城を見あげているそばから
物音が…

ザザザ！！

いきなり現れた鬼に戸惑う少女は
このピンチを
切り抜けられるか？

Stage 2

第二の鬼

依頼・提案・申し出の内容を問う問題

まずは敵を知る

「依頼・提案・申し出の内容を問う問題」とはその名前の通り、**話し手が依頼や提案、申し出をしている内容について問われる**問題。依頼・提案・申し出という3つは、話の展開を作る役割を果たす。つまり、その内容を聞き取れているかということは、リスニングでの英語理解において重要なポイントなのである。

🔊 03

攻略法 その一 定型表現を聞き取る

まずはどんな設問文が出題されるのかを見ていく。「依頼・提案・申し出の内容を問う問題」の設問文には、例えば以下のようなものがある。

〈依頼〉
- What does the man ask the woman to do?
 （男性は女性に何をするよう頼んでいますか）
- What does the speaker ask the listeners to do?
 （話し手は聞き手に何をするよう頼んでいますか）

〈提案〉
- What does the man suggest the woman do?
 （男性は女性に何をするよう提案していますか）
- What does the man suggest?
 （男性は何を提案していますか）
- What does the speaker suggest the listeners do?
 （話し手は聞き手に何をするよう提案していますか）

〈申し出〉
- What does the man offer to do?
（男性は何をすることを申し出ていますか）
- What does the speaker offer to do?
（話し手は何をすることを申し出ていますか）

今ここで挙げたものが、このタイプの問題として出題される設問文の基本の形。「**依頼**」については ask、「**提案**」については suggest、「**申し出**」については **offer** という動詞が使われることが定番である。まずはこの基本の形を押さえて、設問文を見た瞬間に問題タイプを認識できるようにしたい。

では次に、この問題を解くときの攻略法について話していく。一番の攻略法はずばり、<u>依頼・提案・申し出の際に使われる定型表現を聞き取る</u>、ということである。依頼・提案・申し出についてその内容を問う、ということはつまり、それを行っている発言に答えが含まれているということになる。そして、その発言にはそれぞれの場面で使う定型表現が使われている可能性が高いのである。

ここで、各場面での定型表現の例をいくつか確認していこう。

〈依頼の定型表現〉
- Could you 〜?（〜していただけませんか）
- Would you be able to 〜?（〜していただけませんか）
- Please 〜.（〜してください）
- I'd like to 〜.（〜したいのですが）
- I'm wondering if you could 〜.（〜していただけないでしょうか）

〈提案の定型表現〉
- Why don't you/we 〜?（〜しませんか）
- How about *doing* 〜?（〜するのはどうですか）
- What do you think of *doing* 〜?（〜することについてどう思いますか）
- Let's 〜.（〜しましょう）

〈申し出の定型表現〉
- I can 〜.（〜できますよ）
- I'll 〜.（私が〜しますよ）
- Let me 〜.（〜させてください）

• Do you want me to ~?（〜してほしいですか）

　定型表現の中でも特に定番のものをまとめているが、「依頼・提案・申し出の内容を問う問題」の解答根拠はこういった表現を使った文に含まれている可能性がかなり高い。定番のものは確実に押さえておくようにして、その上で、**設問の先読みで問題タイプを理解→設問の内容に応じた定型表現を待ち構えて音声を聞く**、という手順で正解を導き出すことがポイント。

攻略法 その二　設問文の主語の人物の発言に注目する

　この「依頼・提案・申し出の内容を問う問題」を正確に、かつ効率良く解くために、もう1つ重要なことがある。それは、**設問文の主語となっている人物の発言に注目する**、ということ。

　ここで、1つ設問を見てみよう。

1. What does the man ask the woman to do?
(A) Conduct a survey
(B) Go on a business trip
(C) Review some policies
(D) Make a payment

　この設問文の主語は、**the man「男性」**。男性が依頼している内容が問われているのだから、その内容は**男性自身が依頼をしている発言に含まれている**はずである。つまり、男性の発言に特に注意して、根拠となる内容を聞き取ればいいということ。

　Part 3とPart 4では、1題につき設問が3問ついている。そのため、それぞれの問題の根拠がどのあたりで読まれるのかがつかみづらかったり、いずれか1問でつまずいてしまうと次の設問の根拠も立て続けに聞き逃してしまったり、ということになりやすい。

Part 3 の場合は話をしている人物が複数出てくるため、設問文の主語になっている人物を意識して音声を聞くことにより、**根拠が登場するであろう箇所に目星をつけやすくなる**。そうすることで結果的に、無駄に焦ることなく落ち着いて音声を聞き、正しい選択肢を選ぶことができるのである。

練習問題

1. Who most likely is the man?

    (A) A financial advisor
    (B) A store clerk
    (C) A delivery driver
    (D) A cinema employee

2. Why is the woman concerned?

    (A) Her flight was canceled.
    (B) She read a bad review.
    (C) She cannot find her wallet.
    (D) Her friend is late.

依頼・提案・申し出の内容を問う問題

3. What does the man suggest the woman do?

    (A) Come back later
    (B) Visit a Web site
    (C) Become a member
    (D) Check her schedule

練習問題　解答・解説

 会話文

Questions 1 through 3 refer to the following conversation.

W: Hi. I'd like a ticket for the 4:00 P.M. screening of *Across the Big Bridge*.

M: Sure. A single ticket. That'll be $28. How would you like to pay for that?

W: Oh, no. I must have left my wallet in my car. I hope I didn't drop it somewhere.

M: I can hold this ticket for you for half an hour. Why don't you go and find your wallet and come back? There's still an hour before the screening starts.

 問題の和訳

問題1-3は次の会話に関するものです。

女性：すみません。午後4時上映の『Across the Big Bridge』のチケットが欲しいのですが。

男性：わかりました。1枚ですね。28ドルでございます。お支払いはどのようになさいますか。

女性：まあ、どうしましょう。車に財布を置いてきてしまったみたいです。どこかに落としてないといいのですが。

男性：こちらのチケットはあなたのために30分間お取り置きできます。財布を探しに行ってからお戻りになってはいかがですか。上映が始まるまでまだ1時間ありますよ。

［語注］
□screening 上映　□single たった1つの　□must have *done* 〜したに違いない
□wallet 財布　□drop 〜を落とす

解説

1. 正解　**D**

男性は誰だと考えられますか。
(A) 財務顧問
(B) 店員
(C) 配達ドライバー
(D) 映画館の従業員

> 冒頭で、女性がI'd like a ticket for the 4:00 P.M. screening「午後4時上映のチケットが欲しい」と男性に声をかけている。それに対して男性がA single ticket. That'll be $28.「1枚ですね。28ドルでございます」とチケットを販売しているため、

男性は (D) A cinema employee「映画館の従業員」だとわかる。

2. 正解 C

女性はなぜ心配していますか。
(A) 彼女のフライトが欠航した。
(B) 彼女は低評価のレビューを読んだ。
(C) 彼女は財布を見つけられない。
(D) 彼女の友人が遅れている。

> 女性が心配している様子は、女性の2回目の発言である Oh, no.「まあ、どうしましょう」の部分から判断できる。女性は続く文で I must have left my wallet in my car.「車に財布を置いてきてしまったみたい」と話しており、女性が財布を一時的になくしてしまったということがわかる。よって、正解は (C)。

3. 正解 A　依頼・提案・申し出の内容を問う問題

男性は女性に何をするように提案していますか。
(A) 後で戻る
(B) ウェブサイトを訪問する
(C) 会員になる
(D) 彼女の予定を確認する

> 男性は2回目の発言で、女性のためにチケットをしばらく取り置くことができると伝えた上で、Why don't you go and find your wallet and come back?「財布を探しに行ってから（映画館に）戻ってはどうか」と提案している。よって、これを Coming back later「後で戻ること」と表した (A) が正解。

⚠ 注意ポイント

設問の先読みをするときは、単に1問ずつ内容を把握するだけではなく、全体のストーリーを予測することを心がけたい。例えば、2問目では女性が心配している理由が尋ねられ、3問目では男性が提案していることが問われている。つまり、女性が心配している→男性が何か提案をして解決策を出そうとしている、という流れが読み取れる。

攻略法まとめ
依頼・提案・申し出の内容を問う問題

定番の設問文を押さえる

- **設問文の基本の形**を押さえて、見た瞬間に問題タイプを認識できるようにする
  → 「依頼」なら **ask**、「提案」なら **suggest**、「申し出」なら **offer** が含まれることが多い

- 設問内容に応じた**定型表現を待ち構えて**音声を聞き、解答根拠をつかむ

〈依頼の定型表現〉

Could you ～?　　　　　　　I'd like to ～.
（～していただけませんか）　（～したいのですが）

Would you be able to ～?　　I'm wondering if you could ～.
（～していただけませんか）　（～していただけないでしょうか）

Please ～.
（～してください）

〈提案の定型表現〉

Why don't you/we ～?　　　What do you think of *doing* ～?
（～しませんか）　　　　　（～することについてはどう思いますか）

How about *doing* ～?　　　Let's ～.
（～するのはどうですか）　（～しましょう）

〈申し出の定型表現〉

I can ～.　　　　　　　　　Let me ～.
（～できますよ）　　　　　　（～させてください）

I'll ～.　　　　　　　　　　Do you want me to ～?
（私が～しますよ）　　　　　（～してほしいですか）

設問文の主語の人物の発言に注目する

- 設問文の**主語となっている人物の発言**に注目して聞く

  [例] What does **the man** ask the woman to do?
  → **the man**「男性」の発言に解答根拠が登場する可能性が高い

Stage 3

第三の鬼

今後の行動を問う問題を攻略する

城の中には
通路がいくつもある。

どの道を進めばよいのか。

ひとつひとつの行動が
今後の少女の生存を
左右することになるだろう。

Stage 3
第三の鬼
今後の行動を問う問題

まずは敵を知る

「今後の行動を問う問題」とは、**話し手または聞き手が話のあとに行う行動の内容**を問う問題。このタイプの問題は、3番目の設問に登場することが基本。話の背景や状況を理解して次の展開をくみ取る力が試される。

「今後の行動を問う問題」として分類される設問文には、例えばこのようなものがある。

- What will the man do next?
  （男性は次に何をしますか）
- What does the woman say she will do tomorrow?
  （女性は明日何をすると言っていますか）

いずれも今後の行動についての設問であり、2つ目の例の tomorrow「明日」のように、具体的に「いつ」を示して今後の行動を問うものもある。設問を先読みして「今後の行動を問う問題」であることを認識したら、設問文の主語を確認して、**誰の行動が問われているのかを意識しながら音声を聞く**ようにしよう。

そしてこの問題の一番の攻略法は、**行動の意思を伝える表現を聞き取る**、ということ。話し手が今後行う行動については、話し手自身が実際に「～する」「～しよう」ということを発言している可能性が高い。つまり、その発言を聞き取れさえすれば正解を選べるのである。

行動の意思を伝える表現としてよく使われるものは、以下の通り。

- **I'll ～.**（私が～します）
- **Let me ～.**（私に～させてください）
- **Let's ～.**（～しましょう）
- **I can ～.**（～できます）

パターンはそこまで多くはないため、これらの表現を押さえて待ち構えておけば、今後何をする予定なのかを伝える話し手の発言を聞き逃しにくくなる。

攻略法 その二 相手からの依頼・提案の内容にも注意する

　1つ目の攻略法では行動の意思を伝える表現が重要だと伝えたが、**その人自身が「〜する」「〜しよう」とは発言していないパターンもある。**

　例えば、Aさんから依頼や提案をされたのに対して、Bさんが「いいですよ」などと応答しているような場合。Bさんは自分がこれからする行動を言っているわけではないが、Aさんから言われたことを受け入れているので、**Aさんが依頼・提案している内容＝Bさんの今後の行動**、ということになる。

　このような会話のやり取りを聞いて、人物の今後の行動を問うものも出題されることがあるので、<u>依頼・提案の内容にも注意して聞く</u>必要がある。依頼・提案の定型表現は第二の鬼「依頼・提案・申し出の内容を問う問題」(P.33)でも紹介したが、今回の「今後の行動を問う問題」の根拠に特につながりやすい表現をまとめておこう。

〈依頼の定型表現〉
- Could you 〜?（〜していただけませんか）
- Would you be able to 〜?（〜していただけませんか）
- Please 〜.（〜してください）
- I'm wondering if you could 〜.（〜していただけないでしょうか）

〈提案の定型表現〉
- Why don't you 〜?（〜しませんか）
- How about *doing* 〜?（〜するのはどうですか）
- Let's 〜.（〜しましょう）

　そして、依頼・提案に対して承諾をするときの発言の例も合わせて覚えておこう。

- Sure. / Of course.（もちろんです）
- Certainly.（承知いたしました）
- I can do that.（できますよ）
- I'll do that right away.（すぐにやりますね）

- No problem.（問題ありません）

ただ、最後に注意点として伝えておきたいのが、**本人が実際に承諾していなくてもその人物の今後の行動として正解になる場合がある**ということ。例えば、以下のような設問文。

- What will the man most likely do next?
  （男性は次に何をすると考えられますか）
- What will the listeners most likely do next?
  （聞き手は次に何をすると考えられますか）

どちらにも most likely「最も〜らしい」という表現が含まれており、（確実ではないが）そうだと考えられるものはどれか、という内容の設問文である。このような問題では、話の中でも「〜する」「〜しよう」とはっきり発言していない可能性が高く、**相手に依頼・提案をされただけで（承諾していない段階で）話が終わっている**ということもある。また、上に挙げた設問文の2つ目は Part 4 で登場するものだが、Part 4 の話し手は一人だけなので、そもそも話の中で聞き手側が行動を宣言したり承諾したりすることはありえないはずである。

このパターンの問題は難易度としては高くなるが、まずはこのパターンがあると知っておくということが重要である。設問文に most likely が含まれていたら、このパターンかもしれないと身構えておくようにしよう。

練習問題

1. Who most likely are the men? ◀06

   (A) Producers
   (B) Musicians
   (C) Actors
   (D) Photographers

2. What do the men want to do tomorrow?

   (A) Attend a performance
   (B) Purchase some instruments
   (C) Contact an expert
   (D) Carry out some maintenance

👹 今後の行動を問う問題

3. What does the woman say she will do this afternoon?

   (A) Call a janitor
   (B) Cancel an appointment
   (C) Thank a colleague
   (D) Send a memo

| 練習問題 | 解答・解説 |

🚀 会話文

Questions 1 through 3 refer to the following conversation with three speakers.

M1: Hi, Glenda. Pete and I were just discussing the storage room where we keep all our instruments. It's in the basement, and the extraction fan should constantly be on.

M2: Yeah. I noticed some mold on my violin this morning. I looked at the fan's filter, and it was covered in dust. I don't think the fan is turning anymore.

W: We'd better get that looked at as soon as possible. Shall we hire a specialist?

M1: I don't think that's necessary. We'd like to get in there tomorrow to clean the filter and replace the fan if necessary. We'll need everyone to help empty the room so that we can reach the back.

W: Sure. Then, I'll send out a memo this afternoon.

🚀 問題の和訳

問題1-3は3人の話し手による次の会話に関するものです。

男性1: やあ、Glenda。Peteと私はちょうど、私たちのすべての楽器を置いている保管室について話し合っていました。その部屋は地下にあって、排気ファンは常に動いていなければなりません。

男性2: そうなんです。今朝、私は自分のバイオリンに少しカビが付いているのに気がつきました。ファンのフィルターを見てみたら、ほこりで覆われていました。ファンはもう回っていないと思います。

女性: それはできるだけ早く点検してもらう方がいいですね。専門家を雇うべきでしょうか。

男性1: それは必要ないと思います。明日、私たちでその部屋に入ってフィルターを掃除して、必要ならファンも交換したいと思っています。部屋の後ろの方へ入れるよう、皆に部屋を空にしてもらう必要がありますね。

女性: わかりました。そうしたら、今日の午後にメモを送っておきます。

［語注］
☐ storage room 保管室 ☐ instrument 楽器 ☐ basement 地下
☐ extraction fan 排気ファン ☐ mold カビ ☐ dust ほこり ☐ empty ～を空にする

解説

1. 正解 B

男性たちは誰だと考えられますか。
(A) プロデューサー
(B) 音楽家
(C) 俳優
(D) 写真家

> 最初の男性の発言を手がかりにすると、彼と Pete の 2 人は、the storage room where we keep all our instruments「私たち（=男性 1 と Pete）のすべての楽器を置いている保管室」について話していることがわかる。彼らの持ち物が楽器であることから、彼らが音楽家であると推測できる。よって、正解は (B)。

2. 正解 D

男性たちは明日何をしたいと思っていますか。
(A) 公演に参加する
(B) 楽器を購入する
(C) 専門家に連絡する
(D) 整備を行う

> 男性 1 の 2 回目の発言で、We'd like to get in there tomorrow to clean the filter and replace the fan if necessary.「明日、私たちでその部屋に入ってフィルターを掃除して、必要ならファンも交換したいと思っている」と、明日の予定が部屋の掃除であることが言及されている。つまり、明日はフィルター掃除と（必要なら）ファンの交換をするということがわかる。よって、これを some maintenance「整備」と抽象的に言い換えた (D) が正解。

[語注] □expert 専門家 □carry out ~ ~を実行する

3. 正解 D 今後の行動を問う問題

女性は今日の午後に何をすると言っていますか。
(A) 管理人に電話をする
(B) 予約をキャンセルする
(C) 同僚に感謝する
(D) メモを送る

> 女性が this afternoon「今日の午後」に行うことが尋ねられている。最後の女性の発言でこの表現が使われており、I'll send out a memo this afternoon.「今日の午後にメモを送っておく」と、午後の予定が話されている。よって、(D) が正解。

[語注] □janitor 管理人

攻略法まとめ
今後の行動を問う問題

行動の意思を伝える表現を聞き取る

- 設問文の主語を確認して、**誰の行動が問われているのか**を意識しながら音声を聞く
  [例] What will the man do next?（男性は次に何をしますか）
  → **the man**「男性」の行動が問われている
- 問われている人物の発言の中で、**行動の意思を伝える表現**を聞き取る
  - **I'll ~.**（私が~します）
  - **Let me ~.**（私に~させてください）
  - **Let's ~.**（~しましょう）
  - **I can ~.**（~できます）

その二

相手からの依頼・提案の内容にも注意する

- **依頼・提案の内容**にも注意して聞く必要がある
  → その人自身が「~する」「~しよう」とは発言していないパターンもあるため
- **依頼・提案の定型表現**と、それに対して**承諾するときの表現**を押さえておく
- 本人が実際に**承諾していなくても**、その人物の今後の行動として正解になる場合がある
  [例] 相手に依頼・提案をされただけで（承諾していない段階で）話が終わっている
    → 設問文に most likely が含まれていることが多い

Stage 4

第四の鬼

詳細を問う問題を攻略する

力だけで
鬼に勝つことはできない。
ではどうすれば…

鬼の弱点はどこにある?

死角から探すんだ。

Stage 4
第四の鬼
詳細を問う問題

まずは敵を知る
「詳細を問う問題」とは、**ピンポイントで細かい情報を問う**問題。設問に対する答えは話の中で明確に発言されているため、仮に選択肢をすべて読まなくても設問文に対する答えが何かわかる、というタイプの問題である。

◀ 07

攻略法 その一　設問文中の具体的なキーワードを押さえる

　「詳細を問う問題」は具体的な情報について尋ねる問題であるため、設問文自体もおのずと具体的になる。つまり、設問文を先読みするだけで、話の内容や聞き取るべき要素が詳細につかめる可能性が高い。そしてその**先読みで得た情報にアンテナを張った状態**で音声を聞くことで、答えにつながる内容に反応しやすくなるのである。

　では、その"アンテナを張った状態"にするためにどうすればよいだろうか。重要なのは、**設問文に含まれる具体的なキーワードを押さえる**、ということ。

> **1.** What problem does the man mention about the conference room?

　例えばこのような設問文なら、具体的なキーワードは **problem**「問題」と **conference room**「会議室」。問われる内容は「会議室の問題」についてであるとわかり、それと同時に、音声を聞かずとも「会議室に何か問題がある」という情報を事前に得ることができる。

　このように、設問文を先読みしたときに具体的なキーワードに注目しておくと、「会

議室の問題について話すんだ」というように話の展開を予測できるため、音声を聞いているときの内容理解が大幅に楽になる。さらに、具体的なキーワードを事前に頭に入れておくことで、conference という単語が聞こえた瞬間に「**根拠につながる内容がくるかも**」と敏感に反応でき、より効率的に問題を解けるようになるのである。

攻略法 その二　疑問詞を見て、聞き取るべき要素を確認する

もう1つ、「詳細を問う問題」を攻略するために重要なのが、**設問文で使われている疑問詞**である。

1. <u>Why</u> is the gym closed?

例えばこのような設問文の場合、「ジムが閉まっている」という具体的な情報をつかむことも大切だが、文頭の疑問詞 **Why** にも意識を向けることが大切。疑問詞は尋ねている"要素"を示したものであるため、そこに着目すれば「**何を聞き取ればいいのか**」が明確になる。

今回の例でいえば、**Why**「なぜ」(＝理由) を聞かれている、という意識を頭にすりこんでおくことで、音声を聞いているときに根拠が聞き取りやすくなるということ。他の疑問詞についても、**When** なら「いつ」(＝日時)、**Where** なら「どこ」(＝場所)、**Who** なら「誰」(＝人物)、**How** なら「どうやって」(＝方法) を聞かれている、という点を意識して、音声を聞くようにしよう。

練習問題

詳細を問う問題　◀08

1. Why does the man have to leave early?

   (A) He will attend a social event.
   (B) He will go on a business trip.
   (C) He will buy a book.
   (D) He will meet a client.

詳細を問う問題

2. Where does the woman need to go?

   (A) To a print shop
   (B) To the airport
   (C) To an auto repair shop
   (D) To an advertising agency

3. What does the man offer to do?

   (A) Recommend a publication
   (B) Lend his vehicle
   (C) Buy a gift
   (D) Deliver some flyers

練習問題　解答・解説

🔖 会話文

Questions 1 through 3 refer to the following conversation.

W: Are you leaving already, Jack? This is early for you!

M: Yeah, I know. I'm leaving a little early to look for a new marketing-related book. John McQuade's latest one goes on sale today.

W: If you're headed downtown, can you give me a lift? I have to pick up some flyers from the printer before they close.

M: Sure thing. It's on the way. Why don't you leave them in my car? I can bring them up tomorrow morning when I get to work.

W: Would you? I was afraid I'd have to carry them all the way from Bradley Street.

🔖 和訳

問題 1-3 は次の会話に関するものです。

女性：もう退社するのですか、Jack。あなたにしては早いですね！

男性：ああ、そうなんですよ。少し早く出て、マーケティングに関する新しい本を探しに行くんです。John McQuade の最新作が今日発売なんです。

女性：もし繁華街へ向かうなら、私を乗せてくれませんか。印刷所が閉まる前に、そこでチラシを受け取る必要があるんです。

男性：もちろんです。通り道ですしね。チラシを車に置いていってはどうですか。明日の朝、私が出勤するときに持っていけますよ。

女性：そうしていただけるのですか。Bradley 通りからずっとチラシを運ばなければならないのかと懸念していたんです。

［語注］

☐ look for 〜　〜を探す　☐ latest 最新の　☐ give 〜 a lift 〜を車に乗せる
☐ flyer チラシ　☐ printer 印刷所　☐ all the way from 〜　はるばる〜から、〜からずっと

🔖 解説

1. 　正解　**C**　　詳細を問う問題

男性はなぜ早く帰らなければならないのですか。
(A) 彼は社交イベントに出席する。
(B) 彼は出張に行く。
(C) 彼は本を買う。
(D) 彼は顧客と会う。

冒頭で女性は、男性が早く帰ることについて触れている。それに対し、男性は I'm leaving a little early to look for a new marketing-related book.「少し早く出て、マーケティングに関する新しい本を探しに行く」と、早く退社する理由が新しい本を探すためであることを話している。さらに、続く文で「John McQuade の最新作が今日発売だ」と話していることから、彼は今日発売の本を購入しようとしていることがわかる。よって、正解は (C)。

⚠ 注意ポイント

「早く帰らなければならないのはなぜか」といったように、登場人物の行動の理由を尋ねる設問はよく出題される。その際は、because「なぜなら」という接続詞や、to 不定詞「〜するために」に注意して本文を聞き取ると、根拠をすぐに見つけることができる。今回も実際に、to look for 〜「〜を探すため」と目的を表す to 不定詞が登場している。

2. 正解 **A** 詳細を問う問題

女性はどこに行く必要がありますか。
(A) 印刷所
(B) 空港
(C) 自動車修理店
(D) 広告代理店

女性が行く必要のある場所については、女性の 2 回目の発言で示されている。その発言は、I have to pick up some flyers from the printer before they close.「印刷所が閉まる前に、そこでチラシを受け取る必要がある」というもの。よって、printer「印刷所」を print shop と言い換えた (A) が正解。

3. 正解 **D**

男性は何をすることを申し出ていますか。
(A) 出版物をすすめる。
(B) 自分の車を貸す。
(C) 贈り物を買う。
(D) チラシを届ける。

男性は 2 回目の発言で Why don't you leave them in my car?「チラシを車に置いていってはどうか」と提案し、I can bring them up tomorrow morning when I get to work.「明日の朝、私が出勤するときに持っていける」と発言している。つまり、男性が女性から一度チラシを預かり、翌日の朝出勤する際に持っていくと申し出ていることがわかる。よって、この発言の後半部分を言い換えた (D) が正解。

攻略法まとめ
詳細を問う問題

その一

設問文中の具体的なキーワードを押さえる

- 「詳細を問う問題」は、設問文を先読みするだけで**話の内容や聞き取るべき要素**が詳細につかめる可能性が高い
- 設問文に含まれる**具体的なキーワード**を押さえることが重要
  [例] What problem does the man mention about the conference room?
    → キーワードは **problem**「問題」と **conference room**「会議室」
    → 「会議室に何か問題がある」という情報を事前に得ることができる

その二

疑問詞を見て、聞き取るべき要素を確認する

- **疑問詞**は尋ねている"要素"を示したもの
  → そこに着目すれば「**何を聞き取ればいいのか**」が明確になる
- 疑問詞から**聞き取るべき要素を確認**して、頭にすりこんでおく

  - **Why**：「なぜ」（＝理由）を聞かれている
  - **When**：「いつ」（＝日時）を聞かれている
  - **Where**：「どこ」（＝場所）を聞かれている
  - **Who**：「誰」（＝人物）を聞かれている
  - **How**：「どうやって」（＝方法）を聞かれている

Stage 5

第五の鬼

意図を問う問題を攻略する

やった！

鬼が投げた岩をかわすと、
その岩が他の鬼に命中。
喜んでいる時間はない、
集中して次の攻撃を考えるんだ！

Stage 5
第五の鬼
意図を問う問題

まずは敵を知る

「意図を問う問題」とは、話の中で出てくる**ある発言に対してその意図**を問う問題である。単に文の意味を理解する力ではなく、文脈に応じて**話し手が何を伝えようとしているのか**を推測する力が必要。このタイプの問題は、Part 3 で 2 問、Part 4 で 3 問出題されるのが基本。

🔊 09

攻略法 その一 発言の意図を事前に想像しておく

「意図を問う問題」では、話の中で登場する発言の一部が設問文の中に引用され、どのような意図でその発言がされたのか、その意図が問われる。

1. What does the man mean when he says, "This item went out of stock last month"?
   (A) He thinks he should get the item today.
   (B) He is surprised at the sales increase.
   (C) The inventory plan needs to be revised.
   (D) A marketing strategy was successful.

例えばこのような問題であれば、男性の **This item went out of stock last month**「**この商品は先月、在庫切れになった**」という発言が話の中で登場するので、この発言の意図を話の流れからくみ取る必要がある。設問を先読みする際にその発言を事前に確認することができるわけだが、そこで**発言の意図をなんとなく想像しておくことが重要**である。

ではここで、This item went out of stock last month.「この商品は先月、在庫切れになった」という発言の意図を想像してみてほしい。例えばこんなふうに想像できる。

This item went out of stock last month.
「この商品は先月、在庫切れになった」

▼ パターン 1
顧客側として、「人気商品らしいから、すぐ買いに行った方がよさそう」

▼ パターン 2
売り手側の立場として、「売上が伸びてびっくりしている（嬉しい）」

▼ パターン 3
売り手側の立場として、「（在庫切れにならないよう）在庫数の調整が必要」

▼ パターン 4
売り手側の立場として、「売れたのはマーケティング戦略のおかげだ」

このように、同じ発言でも状況や立場によってその意図はさまざま。パターン1の場合は (A) He thinks he should get the item today.「彼は今日その商品を買うべきだと考えている」、パターン2の場合は (B) He is surprised at the sales increase.「彼は売上の伸びに驚いている」、パターン3の場合は (C) The inventory plan needs to be revised.「在庫計画を修正する必要がある」、パターン4の場合は (D) A marketing strategy was successful.「マーケティング戦略がうまくいった」が正解となりうる。

ただ、ここでは例として想像できるパターンをいくつか挙げたが、実際の先読みの時間は短いのでこのレベルまで想像できている必要はない。また、結局は音声を聞く前に具体的な内容を予測することはできないので、あくまで**"なんとなく"想像する**程度で問題ない。

音声が流れてから初めてその発言を聞いて意図を考えるということももちろん可能だが、事前に想像しておくことで、発言内容と意図がつながりやすくなる。また、実際、音声のスピードに追いつけず話の具体的な内容が理解しきれていなかったとしても、**ポジティブなニュアンスなのかネガティブなニュアンスなのか**はある程度把握できることが多い。「良い意味で言っているとしたらこんな状況かな」「悪い意味ならこういう意図かもしれない」と、できる範囲で想像しておこう。

攻略法 その二　誰の発言なのか確認し、どのあたりで登場するかも予測する

　「意図を問う問題」の設問を先読みする際、引用されている発言内容以外に、確認しておくべき点が2つある。それは、**設問文の主語が何か**ということと、その設問が**3問あるうちの何番目の設問なのか**ということ。

> **1.** What does the man mean when he says, "This item went out of stock last month"?

　この設問文の場合、主語は **the man**「男性」なので、**該当の発言をするのが男性である**ことを事前に把握することができる。話の内容は音声を聞くまでわからないが、Part 3の場合は複数の人物が登場するので、事前にどちらの発言なのかわかった状態で会話を聞く方が情報を整理しやすくなる。

　そしてもう1つ、何番目の設問なのかを確認するというのは、**該当の発言がどのあたりで出てくるのか予想しておく**ためである。例えば、「意図を問う問題」が1問目にあったら前半に、2問目にあったら中盤に、3問目にあったら後半に、その発言が登場するのだと予想することができる。

　「意図を問う問題」は聞き取りができるだけでは正解を選べず、話の内容から背景や文脈を理解する必要があるため、他のタイプの問題に比べて難易度が高い。音声を聞いているときや正解を判断するときにも考えることは多いため、音声が流れる前、つまり**設問の先読み時**に、**できる限り準備をして身構えておくことがカギとなる。誰の発言なのか、どのあたりで発言が出てきそうか**、ということを事前に確認しておくようにしよう。

攻略法 その三 　to 不定詞の場合は選択肢も先読みする

「意図を問う問題」には、以下のような形の設問も登場する。

> **1.** Why does the speaker say, "I need to go there in the afternoon"?
> 　(A) To request some help
> 　(B) To reject an offer
> 　(C) To suggest an idea
> 　(D) To correct a mistake

　疑問詞 Why「なぜ」を使って発言の目的が問われており、選択肢には **to 不定詞**から始まるものが並んでいる。このような設問の場合は、設問文だけでなく**選択肢も先読みしておく**ことをおすすめする。文の長さが比較的短いので読む負担も少なく、また、端的にまとまっているので発言の意図が想像しやすくなる。

　もしすべて読むまでの余裕がなければ、**動詞部分だけ先読みする**でも OK。(A) request →お願いしているのか、(B) reject →断っているのか、(C) suggest →提案しているのか、(D) correct →訂正しているのか、という 4 択だと考えると少し楽に思えるのではないだろうか。

　例外として、To make a suggestion「提案をするため」のように make などの基本動詞を含む熟語になっているパターンもあるが、基本的には動詞の部分で大枠の意味を取れることが多い。

練習問題

1. According to the speaker, what is the purpose of the app?　◀ 10

　(A) To connect buyers and sellers
　(B) To enhance security
　(C) To help with scheduling
　(D) To conduct marketing analysis

2. How does Costabright make money?

　(A) By imposing a monthly subscription fee
　(B) By charging a commission
　(C) By showing advertising to users
　(D) By selling its own products

意図を問う問題

3. What does the speaker most likely mean when she says, "It only takes about 10 minutes"?

　(A) A process is very easy.
　(B) More information should be provided.
　(C) There is a difference from the expected time.
　(D) She can help with other tasks.

練習問題	解答・解説

 トーク文

Questions 1 through 3 refer to the following advertisement.

This application will revolutionize the way you deal with product returns from customers. Typically, online stores throw away returns or sell them at huge discounts to second-hand stores. This software will allow you to sell the items quickly and easily to registered users of the app. It gives them access to great deals and allows you to sell at higher prices. Costabright takes a small one percent commission from each sale, meaning that you only pay for the service when you actually use it. App users register for products they are interested in and indicate how much they are willing to pay. When a return comes in, you simply scan the product ID and choose from a list of buyers. <u>It only takes about 10 minutes.</u>

 和訳

問題 1-3 は次の広告に関するものです。

このアプリは、顧客からの返品に対処する方法を革新します。通常、オンラインストアは返品された商品を廃棄するか、大幅な割引価格で中古品店に販売します。このソフトウェアでは、返品された商品をアプリの登録ユーザーに迅速かつ簡単に販売できます。これにより、ユーザーはお得な取引参加することができ、あなたはより高い価格で商品を販売することができます。Costabright は、わずか 1% の手数料を各売上から徴収するため、実際にこのアプリを使用した場合にのみ料金が発生することになります。アプリユーザーは興味のある商品の登録を行い、支払い希望額を指定します。返品された商品が入って来たとき、あなたはただ商品 ID をスキャンして、購入希望者のリストから選択するだけで構いません。<u>操作は 10 分程度しかかかりません。</u>

［語注］
- revolutionize ~に革命的変化を起こす　□typically 通例では　□huge 莫大な
- second-hand store 中古品店　□registered 登録された　□commission 手数料
- indicate ~を示す　□be willing to *do* ~をする意思がある

🎣 解説

1. **正解　A**

話し手によると、このアプリの目的は何ですか。
(A) 買い手と売り手をつなぐこと
(B) セキュリティを強めること
(C) スケジューリングを手伝うこと
(D) 市場調査を実行すること

> 3文目の This software will allow you to sell the items quickly and easily to registered users of the app.「このソフトウェアでは、返品された商品をアプリの登録ユーザーに迅速かつ簡単に販売できる」から、販売者が返品後の商品をアプリのユーザーに再度販売できるということがわかる。よって、これを To connect buyers and sellers「買い手と売り手をつなぐこと」と表した (A) が正解。

⚠️ 注意ポイント

この問題では、本文の allow *A* to *do*「A が〜することを可能にする」という表現がカギとなって、アプリが利用者へ可能にすること、すなわちアプリの目的を説明している。正解の根拠となることも多いため、このような表現を使った無生物主語の文（物を主語にした文）は、特に注意して聞き取るとよい。関連して、物が主語となり使われることが多い enable *A* to *do*「A が〜することを可能にする」という表現もあわせて押さえておくように。

2. 正解 B

Costabright はどのように収益を得ていますか。
(A) 月額の定額利用料金を課すことによって
(B) 手数料を請求することによって
(C) ユーザーに広告を表示することによって
(D) 自社製品を販売することによって

> 5 文目に Costabright takes a small one percent commission from each sale「Costabright はわずか 1%の手数料を各売上から徴収する」とあるので、このことから Costabright が手数料を取ることで収益を得ているとわかる。よって、これを charge a commission「手数料を請求する」という表現を使って言い換えた (B) が正解。

[語注]
□ impose 〜を課す

3. 正解 A 意図を問う問題

"It only takes about 10 minutes" という発言で、話し手は何を意図していると考えられますか。

(A) 工程はとても簡単である。
(B) より多くの情報が提供されるべきである。
(C) 予測していた時間と差異がある。
(D) ほかの仕事を手伝うことができる。

> 意図が問われているのは、最後の発言。その直前に、When a return comes in, you simply scan the product ID and choose from a list of buyers.「返品された商品が入って来たとき、あなたはただ商品IDをスキャンして、購入希望者のリストから選択するだけで構わない」とある。simply「ただ〜するだけで」という語を使っていることから、アプリの使用方法が簡単であることを示唆していると考えられる。この流れで「10分程度しかかからない」と言っているので、工程が簡単であることを念押ししているのだと推測できる。よって、正解は(A)。

攻略法まとめ
意図を問う問題

その一
発言の意図を事前に想像しておく

- 設問を先読みする際に、**発言の意図をなんとなく想像しておく**
  - → 具体的な内容は予測できないので、あくまで"なんとなく"想像する
- **ポジティブなニュアンスとネガティブなニュアンス**のパターンの意図を想像すると良い

その二
誰の発言なのか確認し、どのあたりで登場するかも予測する

- 先読みする際に、**設問文の主語が何か**を確認する
  [例] What does **the man** mean when he says, "〜"?
  - → 該当の発言をするのが**男性**であることを事前に把握できる
- **何番目の設問なのか**を確認する
  - → 1問目にあったら前半に、2問目にあったら中盤に、3問目にあったら後半に、その発言が登場するのだと予想できる

その三
to 不定詞の場合は選択肢も先読みする

- **to 不定詞から始まる選択肢**の場合は、設問文だけでなく選択肢も**先読みしておく**
  - → 比較的短くて読む負担も少ない＋端的にまとまっていて発言の意図が想像しやすい
- 余裕がなければ、**動詞部分だけ先読みする**でも OK

Stage 6

第六の鬼

図表付きの問題を攻略する

鬼の叫び声が
あちこちから聞こえてくる。
そんなとき、
わたしは壁画を見つけた。
この城には武器庫があるようだ。

これは使えるかもしれない。

Stage 6

第六の鬼

図表付きの問題

まずは敵を知る

「図表付きの問題」とは、音声で流れてくる情報を聞き取りながら**図表を参照して解く**問題である。図表の種類はさまざまで、シンプルな表だけでなく地図や部屋の間取り、グラフやクーポンなども出題される。このタイプの問題は Part 3 で 3 問、Part 4 で 2 問出題されることが基本。

攻略法 その一　聞き取るべき要素を事前に確認する

◀ 11

「図表付きの問題」とは、例えばこんな問題。

1. <u>Look at the graphic.</u> Which location will the business most likely use?
　(A) Lincoln Conference Rooms
　(B) Moriarty Business Center
　(C) Coleman Hall
　(D) Randolph Hotel

　設問文が **Look at the graphic.「図を見てください」**で始まっているのが特徴である。3 つの設問の一番上には図表が載っているが、もちろん図表と設問を見ただけで問題が解けるわけではない。「図表付きの問題」は音声で流れてくる情報と図表の情報を結び付けて答える問題であるため、**図表と選択肢を確認して、聞き取るべき要素を事前に整理しておく**ことが攻略のカギ。

　では、実際にどう見てどう整理するのか、具体例を使って確認していこう。

Venue	Seating Capacity
Lincoln Conference Rooms (New York)	60 people
Moriarty Business Center (Chicago)	50 people
Coleman Hall (Boston)	45 people
Randolph Hotel (Atlanta)	40 people

1. Look at the graphic. Which location will the business most likely use?

(A) Lincoln Conference Rooms
(B) Moriarty Business Center
(C) Coleman Hall
(D) Randolph Hotel

　実は、**図表に書かれた要素**と**選択肢に並んでいる要素**を確認することで、音声が流れる前に、聞き取るべき情報が何なのかをつかむことができる。この例の場合、図表に書かれている要素は **Venue**「会場」と **Seating Capacity**「座席数」の２つ。そして、選択肢に並んでいるのは、その２つのうちの「会場」の要素である。

　音声だけで問題が解けてしまったら図表を載せている意味がないため、選択肢に並ぶ「会場」の名前を聞き取って答える、というような問題にはなりえない。つまり、**音声から聞き取るべき情報は選択肢にない方の要素＝「座席数」**であると推測できる。

　では、音声の中でどんな発言がされているのか確認してみよう。会場選びをしている話の中で、話し手は次のような発言をしている。

Anyway, there will be 55 of us.

there will be 55 of us「私たちは合わせて 55 人の予定」と発言しており、これはつまり、必要な**座席数**を表している。図表から、座席数が 55 未満の会場は除外されるので、60 席ある **(A) Lincoln Conference Rooms** が正解とわかる。

　音声を聞くのと図表を見て選択肢を確認するのを同時にこなすのは負担が大きいため、事前にわかることを把握して、いかに準備しておけるかということが重要。そのた

めに、**図表に書かれた要素と選択肢に並んでいる要素**から**聞き取るべき要素**を事前に整理しておくことがカギとなるのである。

「図表付きの問題」で出題される図表には、**マップ**や**部屋の間取り**のような"図面系"の図表もある。シンプルな表に比べて、ひとつひとつの要素が一対一で対応していないため、音声を聞きながら図表から情報を読み取ることに苦戦する人も多い。

そんな"図面系"の図表が出題された場合は、**位置を示す表現**が重要となる。例えば、次のような問題が出題されたとする。

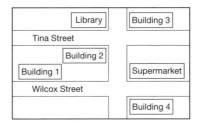

1. Look at the graphic. Which building will the speakers most likely visit?

(A) Building 1
(B) Building 2
(C) Building 3
(D) Building 4

この問題の会話の中で **Let's go and see the building on Wilcox Street. It's across from a supermarket.**「Wilcox 通りの建物を見に行きましょう。スーパーマーケットの向かいです」と発言されていたら、**(D) Building 4** を選ぶことができる。そしてこの発言で使われている 〈**on ＋通りの名前**〉「○○通りにある」や **across from 〜**「〜の向かいに」がまさに位置を示す表現であり、この部分がきち

んと聞き取れていなければ正解を選ぶことはできない。この例からも、"図面系"の図表を使った問題では位置を示す表現が非常に重要であることがわかるだろう。

位置を示す表現には、ほかに次のようなものがある。

- in front of ～（～の前に） ・ behind ～（～の後ろに）
- next to ～（～の隣に） ・ under ～（～の下に）
- above ～（～の上に） ・ between *A* and *B*（AとBの間に）
- on the opposite side of ～（～の反対側に）
- at the top of ～（～の一番上に） ・ at the bottom of ～（～の一番下に）
- in the center of ～（～の中央に）

位置を示す表現を聞き取れていない、もしくはそもそも知らない、ということになると、せっかく図表に書かれているキーワードを聞き取れていても正解できないという結果になってしまう。定番の表現はしっかりと押さえておこう。

攻略法 その三　あとで結論が変わるパターンに注意する

最後に、「図表付きの問題」で注意すべき点を1つ共有しておこう。それは、一度は発言していても**あとから結論を変えてしまう**、というパターンがあるということ。

例えばPart 3の会話で、何かを選んでいる最中に「Aにしよう」と一人が発言していたとする。この時点ではAを選ぶつもりなのだと判断できるが、そのあとにもう一人の人物が「Aは～だから良くないよ」と意見し、最初の人物もそれに同意していたらどうだろうか。最終的な結論としては、選ぶのはAではないということになる。このように、**途中で意見が変わったり話が覆されたりする**ことが起こりうるのである。

図表にある情報を聞き取ることに精一杯になっていると、キーワードと思われる発言が出てきた瞬間に容易に正解を判断してしまいがちなので要注意。また、途中で結論が変わるということもあれば、**敢えて誤答のキーワードも発言の中に含めることで紛らわしくしている問題**も登場する。必要な要素を待ち構えることも大事だが、文脈を考えずにキーワードに飛びついてしまわないようにしよう。

練習問題

Model	Range
Pulsemover	220 Kilometers
Sparkwagon	200 Kilometers
ZapVan	180 Kilometers
Ecogo	160 Kilometers

◀ 12

1. Where do the speakers most likely work?

    (A) At a florist
    (B) At a car dealership
    (C) At a restaurant
    (D) At a parking facility

2. What does the man say about the parking lot?

    (A) It is far from the office.
    (B) It does not accept large vehicles.
    (C) It lacks a charging station.
    (D) It will be closed down.

👹 図表付きの問題

3. Look at the graphic. Which vehicle will the speakers' company most likely buy?

    (A) Pulsemover
    (B) Sparkwagon
    (C) ZapVan
    (D) Ecogo

会話文

Questions 1 through 3 refer to the following conversation and list.

W: We need a new delivery van for our city flower deliveries. I want to get an electric vehicle this time. I've made a list of suitable options.

M: Nice idea, but there are no charging stations in the parking lot.

W: We only ever carry flowers and bouquets around, and they don't weigh much. I don't think the battery will run out that quickly, so we can just charge it once a week at another station. Just to be safe, we should get the one with the longest range.

M: Good. But wait — I heard the Pulsemover is sold out and won't be available for months. I suppose we need to get the next best option.

Model	Range
Pulsemover	220 Kilometers
Sparkwagon	200 Kilometers
ZapVan	180 Kilometers
Ecogo	160 Kilometers

🔖 和訳

問題 1-3 は次の会話とリストに関するものです。

女性：市内での花の配達のために、私たちは新しい配達用バンが必要です。今回は、電気自動車を購入したいです。適した選択肢のリストを作りました。

男性：いい案ですね、ただ駐車場には充電スタンドがないですよ。

女性：私たちは花やブーケしか運ばない上に、それらはあまり重くもありません。バッテリーはそんなに早くなくならないと思うので、どこか別のスタンドで週に一度充電すれば大丈夫でしょう。でも安全のために、最も航続距離の長いものを選ぶべきですね。

男性：そうですね。いや、待ってください—Pulsemover は売り切れで、数か月は入手できないと聞きました。次に一番いいものを買う必要があるかもしれませんね。

型	航続距離
Pulsemover	220 キロメートル
Sparkwagon	200 キロメートル
ZapVan	180 キロメートル
Ecogo	160 キロメートル

[語注]
- delivery van 配達用のバン　□ electric vehicle 電気自動車　□ suitable 適した
- charging station 充電スタンド　□ bouquet ブーケ、花束　□ weigh 重さがある
- run out 切れる　□ charge ～を充電する　□ range 航続距離　□ available 手に入る

📢 解説

1. 正解 A

話し手たちはどこで働いていると考えられますか。
(A) 花屋
(B) 車の販売店
(C) レストラン
(D) 駐車施設

> 話し手たちの職場をつかむヒントは、女性の最初の発言にある。We need a new delivery van for our city flower deliveries.「市内での花の配達のために、私たちは新しい配達用バンが必要」とあることから、"花"に関係する仕事に従事していると判断できる。よって、正解は (A)。

［語注］
□ dealership（自動車などの）販売代理店、特約販売店

2. 正解 C

男性は駐車場について何と言っていますか。
(A) それはオフィスから遠い。
(B) それは大型車を駐車できない。
(C) それは充電スタンドがない。
(D) それは閉鎖される。

> 男性は1回目の発言で、parking lot「駐車場」に関して there are no charging stations in the parking lot「駐車場には充電スタンドがない」と話している。よって、これを lack「〜を欠く」という動詞を使って表した (C) が正解。

⚠️ 注意ポイント
TOEIC では、「駐車場」に関する話題が出ることが多い。「駐車場、駐車スペース」を意味する表現は複数あり、parking lot, parking space, parking spot, parking garage, car park といった多種多様な表現が登場する。頻出なので、必ず押さえておくように。

［語注］
□ be far from 〜 〜から遠い

3. 正解 **B** 図表付きの問題

図を見てください。話し手たちの会社はどの車を購入すると考えられますか。
(A) Pulsemover
(B) Sparkwagon
(C) ZapVan
(D) Ecogo

> 図には、車の型とそれらの航続距離が書かれている。女性は2回目の発言で we should get the one with the longest range「最も航続距離の長いものを選ぶべき」と提案し、図の一番上にある Pulsemover を購入することを示唆している。それに対して男性は、「(最も航続距離の長い) Pulsemover は売り切れで、数か月は入手できない」と伝え、続けて I suppose we need to get the next best option.「次に一番いいものを買う必要があるかも」と話している。つまり、Pulsemover を除いた3つの選択肢の中から燃費がいいものを選ぼうとしていることがわかるので、図表の中で2番目に航続距離の長い Sparkwagon を購入するということが推測できる。よって、正解は (B)。

攻略法まとめ
図表付きの問題

その一

聞き取るべき要素を事前に確認する

- 図表と選択肢を確認して、**聞き取るべき要素を事前に整理**しておく
- 音声から聞き取るべき情報は**選択肢にない方の要素**
  [例] 図表にある要素：「会場」と「座席数」
  　　選択肢の要素　：「会場」
  　→ 音声から聞き取るべき情報は**選択肢にない方の要素**＝「座席数」
- 「図表付きの問題」がある問題では、**先読みの時間**を十分に確保する

その二

"図面系" は位置表現を押さえる

- 道などが描かれたマップや部屋の間取りのような **"図面系" の図表**もある
- "図面系" の図表が出題された場合は、**位置を示す表現**が重要
  [例] in front of ～（～の前に）、behind ～（～の後ろに）、
  　　next to ～（～の隣に）など

その三

あとで結論が変わるパターンに注意する

- 文脈を考えずに**キーワードに飛びついてしまわないように注意する**
  → 1つの話の中で**意見が変わったり話が覆されたりする**ことが起こりうる
  → 発言の中に**誤答のキーワードも含めることで紛らわしくしている**問題も登場する

Stage 7

第七の鬼

Part 3 同僚同士の会話を攻略する

「お前ごとき、
この一撃で潰してやる！」

大きな鬼が猛スピードで駆け寄ってくる...
一対一の勝負だ。
相手の言動に注意し、
隙を見つけて一瞬のチャンスを狙う。
それしかない。

Stage 7

第七の鬼

[Part 3] 同僚同士の会話

まずは敵を知る

Part 3で登場する「同僚同士の会話」とは、ビジネスシーンにおける会話のうち、**同じ会社の社員同士**で行われる会話のことを指す。つまり話し手たちは知り合い同士であることが基本であり、プロジェクトの進捗や予定の変更などが頻出テーマ。

攻略法 その一　設問文や会話冒頭から人物の関係性をつかむ

🔊 13

　Part 3の会話で登場する話し手の関係性には、**「同僚同士の会話」「B to Bの会話」「B to Cの会話」**という、主に3つのパターンがある。今回は、そのうちの「同僚同士の会話」について学習していく。

　前提として、Part 3の問題では「どんな状況でどんな人物がどんな内容について話すのか」ということはまったく説明されないまま、会話を聞かなくてはならない。自分の知っている人物が自分の知っている事柄について話していたとしたら、もっと話の内容が入ってきやすいということは言うまでもないだろう。中でも、会話をしている人物の関係性は、会話を理解するための前提として非常に重要な情報である。

　つまり、**どれだけ早い段階で関係性をつかめるか**ということが、Part 3の問題を攻略するためのカギとも言える。「人物の関係性なんて会話を一通り聞いていかないとわからないんじゃないか」と思うかもしれないが、実は**設問文や会話の冒頭から人物の関係性をつかむ**ことができる。

　例えば、設問の先読みをしている際に次のような設問文があったとしよう。

1. Where do <u>the speakers</u> most likely work?

087

この設問文の意味は「話し手たちはどこで働いていると考えられますか」という意味で、話し手たちの職場が問われている。ここで、設問文の主語が the woman「女性」や the man「男性」ではなく、**the speakers「話し手たち」**となっていることに注目したい。この部分から、話し手として登場する人たちが別の会社の人ではなく、**同じ会社に所属している人**であると推測できるのである。このように、設問の先読みをする際には、**設問文の主語と問われている内容を確認して、話し手の関係性をつかむヒントがないか確認する**ようにしよう。

　また、このような設問がない場合でも、**会話冒頭のやり取り**で「同僚同士の会話」であることをくみ取ることもできる。例えば Hi, Tom. のように、**カジュアルなあいさつ表現に相手の名前をつけて呼びかけている**場合は、「同僚同士の会話」である可能性が高い。また、同僚同士ということは知り合いであるため、**最初に自分の名前や立場を述べたりしない**、ということも特徴である。会話の冒頭は、関係性をつかむことを意識しながら聞くことがポイント。

攻略法 その二　定番の展開パターンを押さえる

　Part 3 では、さまざまな業界、さまざまな状況での会話が登場する。具体的に見ていくとそのバリエーションは幅広いが、展開の仕方という観点で見れば定番と言えるようなパターンもある。そのパターンを把握しておくことで会話の流れがつかみやすくなるため、ここでは特に**定番の展開パターン**を 2 つ紹介しよう。

　まず 1 つが、**「問題と解決策」**というパターン。**何か問題が起きて、それを解決するための話がされる**パターンである。例えば、「コピー機が壊れた→業者に連絡して修理してもらおう」とか「飛行機が遅れて到着が遅くなる→会議の時間をずらそう」とか、そういった会話などがある。

　そして定番の展開パターンの 2 つ目は、**「進捗報告と依頼」**のパターン。話し手たちが何か同じプロジェクトを進めており、**その仕事の進捗を共有しつつ、今後進めるべきことについて作業の依頼をする**、というパターンがよくある。

　TOEIC を何度も受験していれば、よくある展開パターンが自ずと染みついてくるものだが、「Part 3 の会話ではこういう展開が多いんだ」と把握しておくだけでも会話の流れについていきやすくなる。情報として頭の片隅に置いておくようにしよう。

練習問題

1. Why did the man request a meeting? ◀ 14

   (A) To discuss a grand opening
   (B) To finalize an agenda
   (C) To calculate some costs
   (D) To plan new employee training

2. When does the woman say she is available?

   (A) At 2:00 P.M.
   (B) At 3:00 P.M.
   (C) At 3:30 P.M.
   (D) At 4:00 P.M.

3. Why does the man say, "I'll be back from the warehouse by then"?

   (A) To show his agreement
   (B) To explain a procedure
   (C) To offer a suggestion
   (D) To choose a device

練習問題	解答・解説

🔖 会話文

Questions 1 through 3 refer to the following conversation.

M: Hi, Helen. If you have some time this afternoon, I'd like to have a meeting to talk about the training for the recruits starting this month. It's a big group.

W: Sure. I'm free from four. How does that sound?

M: <u>I'll be back from the warehouse by then</u>. Come to my office when you're ready. There is a lot to discuss, actually.

W: Sure. I'll bring some coffee from the café.

🔖 和訳

問題 1-3 は次の会話に関するものです。

男性: どうも、Helen。もし今日の午後に少し時間があるなら、今月から始まる新入社員の研修について話し合う会議がしたいです。大きなグループですからね。

女性: もちろんです。私は4時から空いています。どうでしょうか。

男性: それまでに倉庫から戻りますね。準備ができたら、私のオフィスに来てください。実のところ、話すことがたくさんあります。

女性: わかりました。カフェで買ったコーヒーを持っていきますね。

[語注]
□ training 研修　□ recruit 新入社員　□ sound（読んだり聞いたりして）～に思われる
□ be back from ～ ～から戻る　□ warehouse 倉庫　□ actually 実は、実際のところ

🔖 解説

1. 正解 **D**

男性はなぜ会議を要求しましたか。
(A) グランドオープンについて話すため
(B) 議題を最終決定するため
(C) 費用を計算するため
(D) 新入社員研修を計画するため

> 男性は最初の発言で、I'd like to have a meeting to talk about the training for the recruits starting this month「今月から始まる新入社員の研修について話し合う会議がしたい」と言っている。つまり、男性が会議を開く目的は新入社員研修を計画することである。よって、正解は (D)。

[語注]
□ finalize ～を最終決定する　□ calculate ～を計算する

2. 正解 D

女性はいつ空いていると言っていますか。
(A) 午後 2 時
(B) 午後 3 時
(C) 午後 3 時 30 分
(D) 午後 4 時

> 女性は最初の発言で、I'm free from four.「私は 4 時から空いている」と言っている。よって、正解は (D)。女性の発言に注意して聞き取れば、迷わず確実に解ける問題である。

⚠ 注意ポイント

話の中では、four「4 時」という時間以外に男性による 3:30「3 時 30 分」という発言も登場している。このように、複数の時間が出てくるときには細心の注意が必要。誰が何をするのか、また何が起こる時間なのかを整理して惑わされないようにしたい。あくまでも、設問文で問われている内容に沿った時間を選ぶように。

3. 正解 A

男性はなぜ "I'll be back from the warehouse by then" と言っていますか。
(A) 同意を示すため
(B) 手順を説明するため
(C) 提案をするため
(D) 機器を選ぶため

> 引用部分の発言の直前では、女性が「4 時から空いているが、その時間でどうか」と男性に確認している。これに対して、男性による I'll be back from the warehouse by then.「それまでに倉庫から戻りますね」という発言が続く。その後も、準備が整い次第（＝ 4 時になり次第）女性に自身のオフィスへ来るよう告げているため、男性は午後 4 時から会議を行うのに同意を示しているということがわかる。よって、正解は (A)。

[語注]
□ agreement 同意

[Part 3] 同僚同士の会話

設問文や会話冒頭から人物の関係性をつかむ

- 会話内容を理解するためには、**どれだけ早い段階で人物の関係性**をつかめるかが重要
- **設問文の主語と問われている内容**から、「同僚同士の会話」であることをつかむ
  [例] 設問文：Where do the speakers most likely work?
  → the speakers「話し手たち」とあるので…同じ会社に所属している人
- **会話冒頭のやり取り**から、「同僚同士の会話」であることをつかむ
  → カジュアルなあいさつ表現に相手の名前をつけて呼びかける（例：Hi, Tom.）
  → 最初に自分の名前や立場を述べたりしない

その二

定番の展開パターンを押さえる

- よくある展開パターンを把握しておくことで、会話の流れがつかみやすくなる
- 定番の展開パターン①：**「問題と解決策」**
  → 何か問題が起きて、それを解決するための話がされる
- 定番の展開パターン②：**「進捗報告と依頼」**
  → 仕事の進捗を共有しつつ、今後進めるべきことについて作業の依頼をする

Stage 8

第八の鬼

Part 3
BtoBの会話を攻略する

この城にやってきたのは、
ただ鬼を倒すためだけじゃない。
今まで、
何人もの勇者がこの城に入り、
鬼との戦いに敗れてきた。

わたしは
そんなみんなの分も
強くなるんだ。

Stage 8

第八の鬼

[Part 3] B to B の会話

まずは敵を知る

Part 3 で登場する「B to B の会話」とは、ビジネスシーンにおける会話のうち、**別の会社の人同士**で行われる会話のことを指す。身内ではない相手との会話であるため、かしこまった丁寧なやり取りが展開されることが多い。テーマとしては、会社で使用するサービスや商品に関する受注者と発注者のやり取りがよく出題される。

攻略法 その一　設問文や会話冒頭から人物の関係性をつかむ

　第七の鬼「同僚同士の会話」(P.87) に続いて、ここでは「B to B の会話」の攻略法について解説していく。「同僚同士の会話」の解説冒頭でも説明したように、会話の内容を理解するためには、その会話をしている人物の関係性をつかむことが非常に重要である。では、**「B to B の会話」であることをつかむためのヒント**にはどんなものがあるのか確認していこう。

　「同僚同士の会話」と同様、**設問文や会話冒頭から「B to B の会話」であることをつかむ**ことができる。まずは設問文からわかるヒントについて。こんな設問が出題されることがある。

1. Where does <u>the man</u> most likely work?

　「同僚同士の会話」で解説した内容と逆の話だと考えるとわかりやすいだろう。話し手の職場を問う問題で、主語を the speakers「話し手たち」とせずに **the man**「男性」または **the woman**「女性」としているということは、その2人は**同じ職場で働いている人物ではない**と考えられる。

では、**会話冒頭のやり取り**にはどんなヒントがあるだろうか。わかりやすいのは**自分の名前や立場を伝える**という点である。別の会社の人が相手ということは、自分がどこの誰なのかは当然伝える必要があるだろう。自分の名前や立場については会話の冒頭で伝えるはずなので、関係性をつかむ意識で冒頭部分を聞き、It's（自分の名前）from（会社名）．のように自己紹介をしていないか確認するようにしよう。

会話をしている人物の関係性のほかに、会話の内容を理解する上で重要な情報となるのが**話し手の業種**である。これは「B to B の会話」に限った話ではないが、別の会社間のやり取りとなると、どんな会社がどんな目的でどんな会社に連絡しているのか、という情報がつかめないと会話内容がほとんど入ってこないという事態になりかねない。逆に言うと、話し手の業種をつかむことができれば、その人がどんな立場からどんな話をするのかがある程度推測できるのである。

話し手の業種をつかむための1つのキーワードとなるのが**会社名**。会話の冒頭で話し手が自己紹介をする際に会社名を伝えていることがあるが、例えば次のように発言していたとする。

This is Sally Fox from Beacon Printing.

この Sally Fox という人物が所属している会社の名前は Beacon Printing。単なる会社名ではあるが、**Printing** とあることから**「印刷会社」**である可能性が高いと推測できる。そしてこの人物が印刷会社の人であることがわかれば、「印刷に関する話が出てくるのかも」とトピックを想像した上で、会話を聞くことができるのである。

会社名に業種がわかるような要素が含まれていない場合は、その業種に関連するキーワードを見つけて推測する必要があるが、いずれにしても**「この人はどんな業種の会社に勤めているんだろう」**と想像しながら会話に耳を傾けることがポイント。

練習問題

1. Where does the woman work?   ◀ 16
    (A) At a power plant
    (B) At a hospital
    (C) At a pharmacy
    (D) At a construction firm

2. What does the man say he has done?
    (A) Found a solution
    (B) Sent an invoice
    (C) Dispatched some workers
    (D) Canceled an order

3. Why does the woman say, "We have enough fuel for six hours"?
    (A) To share the car's condition
    (B) To reassure the man
    (C) To explain the urgency
    (D) To apologize for an error

| 練習問題 | 解答・解説 |

🎤 会話文

Questions 1 through 3 refer to the following conversation.

M: Hi. It's Jack Wilson from GHT Power. I received a call from your staff member, Mr. Smith, ten minutes ago. I understand that there has been a sudden power outage at your hospital and that you're running on the backup generators.

W: That's correct. They started automatically.

M: We have a crew on their way. I'm sure they'll be able to work out what caused the outage and return power to the hospital in a few hours.

W: Thanks. Our engineering department just called. <u>We have enough fuel for six hours</u>. After that, we'll be in trouble.

M: That's more than enough time.

🎤 和訳

問題 1-3 は次の会話に関するものです。

男性：こんにちは。こちらは GHT 電力の Jack Wilson です。10 分前に、御社の従業員である Smith さんから電話をいただきました。そちらの病院で突然の停電があり、予備の発電機が作動していることは把握しています。

女性：その通りです。発電機は自動的に起動しました。

男性：現在、作業員が向かっています。彼らが停電の原因を突き止め、数時間以内に病院の電力を復旧させられるかと思います。

女性：ありがとうございます。当院のエンジニアリング部からもちょうど連絡がありました。<u>燃料は 6 時間分あります</u>。それ以降だと、困ることになります。

男性：それなら十分以上の時間です。

[語注]
- sudden 突然の □ power outage 停電 □ backup 予備の □ generator 発電機
- automatically 自動的に □ crew（技術作業の）一員
- on *one's* way 向かっている途中で □ work out ~ ~の答えを見つけ出す
- engineering エンジニアリング、技術者の仕事 □ fuel 燃料 □ be in trouble 困っている

🔖 解説

1. 正解 **B**

女性はどこで働いていますか。
(A) 電力発電所
(B) 病院
(C) 薬局
(D) 建設会社

> 男性は最初の発言で、I understand that there has been a sudden power outage at your hospital and that you're running on the backup generators.「そちらの病院で突然の停電があり、予備の発電機が作動していることは把握している」と言っている。your hospital「そちらの病院」という部分から、電話を受けた相手である女性が働いているのは病院だということがわかる。よって、正解は (B)。

⚠️ 注意ポイント

「女性」が働いているところが問われたからといって、女性の発言に必ず正解の根拠があるとは限らない。今回の問題のように、男性の your hospital「そちらの（あなたの）病院」という表現から、会話の相手である女性の職場がどこなのかがわかることもある。このように、your ～「あなたの～」という表現から相手の職場の情報が、our ～「私たちの～」という表現から話し手自身の職場の情報が手に入ったりすることがある。つまり、代名詞からは多くの情報をつかむことができるのである。

2. **正解　C**

男性はすでに何をしたと言っていますか。
(A) 解決策を見つけた。
(B) 領収書を送った。
(C) 作業員を派遣した。
(D) 注文をキャンセルした。

> 男性の2回目の発言であるWe have a crew on their way. 「現在、作業員が向かっている」という部分から、彼が作業員を派遣したということがわかる。よって、(C) が正解。設問では男性が言ったことが問われているので、ここでは女性ではなく男性の発言に特に注意して聞き取るようにしたい。

［語注］
□ dispatch ～を派遣する

3. 正解 C

女性はなぜ、"We have enough fuel for six hours" と言っていますか。
(A) 車の状態を共有するため
(B) 男性を安心させるため
(C) 緊急性を説明するため
(D) 誤りに対して謝罪をするため

> 男性は 2 回目の発言で「彼ら（＝作業員）が停電の原因を突き止め、数時間以内に病院の電力を復旧させられるかと思う」と言っており、復旧に数時間程度かかることを話している。これに対する女性の発言が、We have enough fuel for six hours.「燃料は 6 時間分ある」というもの。その後、続けて女性は After that, we'll be in trouble.「それ以降だと困る」と懸念を示している。つまり、女性は復旧作業に時間がかかりすぎると燃料が切れてしまうということを心配し、事態の緊急性を男性に説明していると判断できる。よって、これを To explain the urgency「緊急性を説明するため」と表した (C) が正解。

[Part 3] B to B の会話

設問文や会話冒頭から人物の関係性をつかむ

- 会話の内容を理解するために、**会話をしている人物の関係性**をつかむことが重要
- **設問文の主語と問われている内容**から、「B to B の会話」であることをつかむ
  [例] 設問文：Where does <u>the man</u> most likely work?
  → the speakers「話し手たち」とは言っていないので…同じ職場で働いている人物ではない
- **会話冒頭のやり取り**から、「B to B の会話」であることをつかむ
  → 最初に自分の名前や立場を伝える
  [例] It's（自分の名前）from（会社名）.

その二

会社名などから話し手の業種をつかむ

- 会話の内容を理解する上で重要な情報となるのが**話し手の業種**
- **会社名**から、話し手の業種がつかめることがある
  [例] This is Sally Fox from Beacon Printing.
  → **Printing** とあるため「**印刷会社**」である可能性が高い
- 「この人は**どんな業種の会社**に勤めているんだろう」と想像しながら会話を聞く
  → 会社名がヒントにならない場合は、その業種に関連するキーワードを見つけて推測する

Stage 9

第九の鬼

Part 3 BtoCの会話を攻略する

鬼の中でも
圧倒的に大きな鬼が現れた…
わたしを威嚇している。

**恐怖のあまり
後ずさりしそうになるけど、
ぐっとこらえる。**

わたしはやるべきことをやるだけだ。

Stage 9

第九の鬼

[Part 3] B to C の会話

まずは敵を知る

Part 3の「B to Cの会話」とは、**企業（Business）と顧客（Customer）の間で行われる会話**のことである。トークのテーマとして、予約や注文の変更手続きや申し込み、商品やサービスについての問い合わせなどが出題される。

攻略法 その一　設問文や会話冒頭から人物の関係性をつかむ

17

第七の鬼「同僚同士の会話」(P.87)、第八の鬼「B to Bの会話」(P.95) に続いて、今回は「B to Cの会話」の攻略法について。最初の2つと同様、まずは**設問文と会話冒頭から「B to Cの会話」であるという人物の関係性をつかむ**ことが大切。

設問文については、「B to Bの会話」で学んだことを思い出そう。次のような設問文があった場合、**話し手たちは同じ職場で働いている人物ではない**、と予測できる。

1. Where does the man most likely work?

同じ職場であれば、職場を問う質問の主語を the speakers「話し手たち」とするはず。こういった内容を問う設問文で主語に **the man「男性」**または **the woman「女性」**が使われていたら、「B to Bの会話」もしくは「B to Cの会話」なのだろうと考えるようにしよう。

では、**会話冒頭**に登場しやすい「B to Cの会話」のヒントを紹介していく。ポイントは、企業（＝商品やサービスを提供する側）と顧客（＝商品やサービスを受け取る側）という関係性における会話では、丁寧な表現や定型表現が使われる場合が多い、ということ。例えば、そういった表現には次のようなものがある。

- Welcome to ～. 「～へようこそ」
- Hello, 〈会社名〉. 「こんにちは、～です」
- ～, sir/ma'am? 「～ですか、お客様？」
- How can I help you? 「どのようなご用件でしょうか」
- Can I help you with ～? 「～について何かお手伝いしましょうか」
- Hello, you've reached 〈(部署名＋)会社名〉.
「もしもし、こちらは～です」

　企業側がお客さんに対して使う丁寧な表現・定型表現を押さえておくと、それが登場したときに「B to C の会話」であることを瞬時に理解することができる。会話冒頭で関係性がわかるヒントとなる表現が登場していないか、確認するようにしよう。

攻略法　その二　業種と用件をつかむ

　第八の鬼「B to B の会話」(P.95) の攻略法と同様、**話し手の業種をつかむ**ことは「B to C の会話」を攻略する上でも重要である。**業種に関連するキーワード**や、**会社名に含まれる（業種がわかるような）要素をヒント**に、「この人はどんな業種の会社に勤めているんだろう」と想像しながら会話を聞くようにしよう。
　また、どんな**用件**でこの会話が始められているのかをつかむことも重要。どんな関係性であっても、何か用件があって話を始めることには変わりないが、「B to C の会話」では特にわかりやすい、特別な用件がある場合が多い。したがって、「B to C の会話」はその用件をつかむことで内容がぐんと理解しやすくなるのである。
　用件を述べるときによく使われるフレーズを覚えておこう。

- I'm calling about ～. 「～についてお電話しています」
- I'm calling because ～. 「～なのでお電話しています」
- I'm calling to *do* ～. 「～するためにお電話しています」
- I'd like to *do* ～. 「～したいのですが」
- I'm looking for ～. 「～を探しています」
- I'm interested in ～. 「～に興味があります」

練習問題

1. What is the man shopping for? ◀ 18

   (A) An appliance
   (B) Some furniture
   (C) A lighting fixture
   (D) A toy

2. Where will the merchandise be used?

   (A) In a restaurant
   (B) In an office
   (C) In a factory
   (D) In a living room

3. Why does the man choose the white model?

   (A) It is his favorite color.
   (B) It has the lowest price.
   (C) It matches the other items.
   (D) It is currently available.

| 練習問題 | 解答・解説 |

📌 会話文

Questions 1 through 3 refer to the following conversation with three speakers.

W1: Good morning. Is there something we can help you with, sir?

M: Well, I'm just looking for a microwave oven. I run an accounting firm, and we have many employees using it.

W1: I see. We've just taken delivery of a new model designed specifically for office breakrooms. Kate, would you mind taking this one out of the box?

W2: Sure. Just give me a moment. This is the gray one. There's also a white one.

W1: Right. What's more, this model has a 10-year manufacturer's warranty.

M: That sounds good. I'll take the white one. It'll match the white fridge we already have.

📌 和訳

問題 1-3 は 3 人の話し手による次の会話に関するものです。

女性1：おはようございます。お客さま、何かお手伝いできることはありますか。

男性：　ええと、電子レンジを探しているところです。私は会計事務所を経営していて、多くの従業員が電子レンジを使用するんです。

女性1：なるほど。ちょうど、オフィスの休憩室用に特別に設計された新モデルが届いたんです。Kate、これを箱から出してもらってもいいですか。

女性2：もちろんです。少々お待ちください。こちらがグレーの色のものです。白色もありますよ。

女性1：そうなんです。さらに、こちらのモデルには 10 年間の製造業者による保証がついています。

男性：　それはいいですね。白い方にします。私たちがすでに持っている白い冷蔵庫と合いますので。

[語注]

□ sir（男性客に対して）お客さま　□ look for ~ ~を探す　□ microwave oven 電子レンジ
□ accounting firm 会計事務所　□ take delivery of ~ ~の配達を受け取る
□ specifically 特に　□ breakroom 休憩室　□ take A out of B A を B から出す
□ what's more さらに、その上　□ manufacturer 製造業者　□ warranty 保証
□ match ~と合う　□ fridge 冷蔵庫

解説

1. 正解 **A**

男性は何を買いに来ていますか。
(A) 家電製品
(B) 家具
(C) 照明器具
(D) おもちゃ

> 男性は最初の発言で、I'm just looking for a microwave oven「電子レンジを探しているところ」と話している。よって、この microwave oven「電子レンジ」という具体的な言葉を An appliance「家電製品」と抽象的に言い換えた (A) が正解。

2. 正解 **B**

商品はどこで使われますか。
(A) レストラン
(B) オフィス
(C) 工場
(D) リビング

> 女性1は2回目の発言で、We've just taken delivery of a new model designed specifically for office breakrooms.「ちょうど、オフィスの休憩室用に特別に設計された新モデルが届いた」と言っている。つまり、その商品はオフィスで使われるものであることがわかる。よって、正解は (B)。

3. 正解 **C**

男性はなぜ白いモデルを選びますか。
(A) それは彼のお気に入りの色である。
(B) それは最も価格が安い。
(C) それはほかの品物と合う。
(D) それは現在在庫がある。

> 電子レンジを買おうとしている男性が白色のモデルを選んだ場面は、男性の最後の発言の部分。I'll take the white one. It'll match the white fridge we already have.「白い方にする。私たちがすでに持っている白い冷蔵庫と合うので」と言っていることから、すでに男性が持っている冷蔵庫と色が合うことが白色を選んだ理由であるとわかる。よって、これを表した (C) が正解。現在在庫があるのは確かだが、それ自体は男性が白色を選ぶ理由ではないため、(D) は不正解となる。

攻略法まとめ

［Part 3］B to C の会話

その一

設問文や会話冒頭から人物の関係性をつかむ

- 会話の内容を理解するために、**会話をしている人物の関係性**をつかむことが重要

- **設問文の主語と問われている内容**から、「B to C の会話」であることをつかむ

  ［例］設問文：Where does the man most likely work?
  → the speakers「話し手たち」とは言っていないので…
  同じ職場で働いている人物ではない（「B to B の会話」or「B to C の会話」）

- **会話冒頭のやり取り**から、「B to C の会話」であることをつかむ
  → **企業側がお客さんに対して使う丁寧な表現・定型表現**がヒントになる
  - Welcome to 〜.「〜へようこそ」
  - Hello,〈会社名〉.「こんにちは、〜です」
  - 〜, sir/ma'am?「〜ですか、お客様？」
  - How can I help you?「どのようなご用件でしょうか」
  - Can I help you with 〜?「〜について何かお手伝いしましょうか」
  - Hello, you've reached〈(部署名＋) 会社名〉.
    「もしもし、こちらは〜です」

その二

業種と用件をつかむ

- **話し手の業種**がわかるヒントを見つける
  - 業種に関連するキーワード
  - 会社名に含まれる（業種がわかるような）要素

- **どんな用件で**この会話が始められているのかをつかむことも重要
  → **用件を述べるときによく使われるフレーズ**を覚えておく

Stage 10

第十の鬼

Part 4 アナウンスを攻略する

覚悟を決めれば
自分の運命は変えることができる。

**場所、時、条件の
すべてが一致したタイミングで、
鬼の弱点を狙う。**

圧倒的に強い鬼が相手でも
これまで積み上げた力を信じて…

Stage 10

第十の鬼

[Part 4] アナウンス

まずは敵を知る
Part 4で出題される「アナウンス」とは、**複数の相手に対して何かお知らせを伝えているタイプのトークのこと**。店内の買い物客に向けたものや駅にいる乗客に向けたものなど、さまざまな場所での複数人に対するアナウンスが出題される。

攻略法 その一　誰に向けたものなのかを把握する

　この「アナウンス」というタイプのトークは、**特定の人たちに向けて何かを知らせる**ためのもの。知らせている内容はもちろんのこと、それがどんな人たちに向けられたものなのかが把握できないと、トーク内容がなかなか頭に入ってこない。まずはそのアナウンスが**誰に向けたものなのかを把握する**ことが、このトークタイプの問題を攻略するための重要なポイントとなる。

　当たり前だが、Part 4ではトークの音声のみが流れ、それが流れている場所や状況が示されるわけではない。ただ、トークの中での発言内容や使われている表現によって、どんな場所でどんな人に向けているものなのかをつかむことができる。

〈ツアー参加者に向けたアナウンス〉
- Good morning, visitors!
  「観光客の皆様、おはようございます!」
- Welcome to ～.
  「～へようこそ」
- Thank you for joining us today.
  「本日はご参加いただきありがとうございます」

〈買い物客に向けたアナウンス〉
- Attention, 〜 shoppers.
「〜でお買い物中の皆様にお知らせです」
- Welcome to 〜.
「〜へようこそ」
- Thanks for shopping at 〜.
「〜でお買い物いただきありがとうございます」

〈乗客に向けたアナウンス〉
- Attention, all passengers.
「乗客の皆様にお知らせです」
- We hope you're enjoying your flight with 〜.
「〜でのフライトをお楽しみいただいていれば幸いです」

そして、このような発言はアナウンスの冒頭でされやすいので、よく出る表現を押さえた上で、**冒頭に意識を集中させて聞くようにしよう**。

攻略法 その二　目的・主題をとらえる

　誰に向けているものなのかということに加え、そのアナウンスが何のためにされているのか、何について伝えているのか、という**目的と主題**も重要である。アナウンスの中の詳細な情報を正確に理解するためには、早い段階でアナウンスの目的と主題をつかみ、それを前提として内容を聞く必要がある。

　目的や主題となるような内容は、アナウンスの冒頭で伝えられる。例えば、飛行機の遅れを知らせるアナウンスであれば、Attention, passengers bound for New York. The flight 555 to New York has been delayed due to the weather conditions.「New Yorkへ向かう乗客の皆様へお知らせです。New York行きの555便が天候の影響で遅れています」のように冒頭で述べていたりする。このように、「誰に向けたものなのか」がわかる内容とアナウンスの目的・主題は、**冒頭にまとまって説明される**ことが多いため、音声が流れ始めたら**冒頭部分に特に注意を向けること**がポイント。

練習問題

1. Where are the listeners? 🔊 20

   (A) On a bus
   (B) On a train
   (C) On an airplane
   (D) On a vessel

2. Why are the passengers arriving late?

   (A) There was a lot of traffic.
   (B) There was mechanical trouble.
   (C) Some passengers got sick.
   (D) The weather was bad.

3. What are transferring passengers told to do?

   (A) Change their reservations
   (B) Purchase a ticket
   (C) Collect their luggage
   (D) Use the right-hand side exit

第十の鬼

[Part 4] アナウンスを攻略する

練習問題　解答・解説

 トーク文

Questions 1 through 3 refer to the following announcement.

On behalf of all the management and staff of Albert Ferry Services, I'd like to offer our sincere apologies for the late arrival. Our ferries are regularly maintained to ensure reliability, but unexpected mechanical issues can still occur. Unfortunately, today was one of those rare cases when something goes wrong mechanically. Fortunately, our mechanics were able to solve the problem in just 10 minutes. If you have a ticket for the Citylink monorail service into the city, you should take the exit on the right. The stairway will take you to a pedestrian bridge, leading to the monorail boarding platforms. Please enjoy the rest of your day.

 和訳

問題 1-3 は次のお知らせに関するものです。

Albert Ferry サービスの全管理職およびスタッフを代表して、到着の遅れを心よりお詫びいたします。弊社のフェリーは、信頼性確保のために定期的に整備されておりますが、予期しない機械の問題はそれでも発生してしまいます。残念ながら、本日は機械の問題が発生した珍しいケースの 1 つでした。幸運にも、弊社の整備士が問題をたった 10 分で解決することができました。もし、市へ向かう Citylink モノレールのチケットをお持ちでしたら、右側の出口をご利用ください。階段を上ると歩行者用の橋があり、モノレールの乗車プラットフォームに通じます。どうぞ、残りの 1 日をお楽しみください。

[語注]
□on behalf of ～ ～を代表して　□sincere 心からの　□regularly 定期的に
□reliability 信頼性　□unexpected 予期せぬ　□mechanical issue 機械の問題
□still まだ、依然として　□mechanic 整備士　□exit 出口　□stairway 階段
□pedestrian 歩行者用の　□lead to ～ ～に通じる　□boarding 乗車

解説

1. 正解 **D**

聞き手たちはどこにいますか。
(A) バス
(B) 電車
(C) 飛行機
(D) 船

> 聞き手たちがいる場所は、話の冒頭から推測できる。そこでは、On behalf of all the management and staff of Albert Ferry Services, I'd like to offer our sincere apologies for the late arrival.「Albert Ferry サービスの全管理職およびスタッフを代表して、到着の遅れを心よりお詫びする」とあり、聞き手たちは ferry「フェリー」のサービスを利用していること、また彼らが遅れて到着したという2つのことがわかる。つまり、聞き手たちはたった今遅れて到着したフェリーの船内にいると推測できる。よって、ferry「フェリー」を vessel「船」に言い換えた (D) が正解。

[語注]
□ vessel (大型の) 船

2. 正解 B

乗客たちはなぜ遅れて到着していますか。

(A) 渋滞していた。
(B) 機械のトラブルがあった。
(C) 数人の乗客たちの具合が悪くなった。
(D) 天気が悪かった。

> 3文目にUnfortunately, today was one of those rare cases when something goes wrong mechanically.「残念ながら、本日は機械の問題が発生した珍しいケースの1つだった」とあり、フェリーに機械の問題があったということがわかる。よって、フェリーが遅れた理由は機械の問題であり、これをmechanical trouble「機械のトラブル」と言い換えた(B)が正解。

3. 正解 D

乗り継ぎの乗客たちは何をするように言われていますか。
(A) 予約を変更する
(B) チケットを購入する
(C) 荷物を回収する
(D) 右側の出口を使う

> 設問文の「乗り継ぎの乗客たち」とは、Citylink モノレールへ乗り継ぐ人々のことである。これは、話の後半にある If you have a ticket for the Citylink monorail service into the city「もし、市へ向かう Citylink モノレールのチケットをお持ちでしたら」という部分からわかる。そして、続く you should take the exit on the right「右側の出口をご利用ください」の部分から、乗り継ぎの乗客たちが右側の出口を使うように呼びかけられているということがわかる。よって、正解は (D)。

[語注]
□ right-hand side 右手側の

攻略法まとめ

［Part 4］アナウンス

誰に向けたものなのかを把握する

- まずはそのアナウンスが**誰に向けたものなのか**を把握する
- **誰に向けているかがわかる表現**を押さえた上で、**冒頭に意識を集中**させて聞く

〈ツアー参加者に向けたアナウンス〉

- Good morning, visitors!「観光客の皆様、おはようございます！」
- Welcome to 〜.「〜へようこそ」
- Thank you for joining us today.
「本日はご参加いただきありがとうございます」

〈買い物客に向けたアナウンス〉

- Attention, 〜 shoppers.「〜でお買い物中の皆様にお知らせです」
- Welcome to 〜.「〜へようこそ」
- Thanks for shopping at 〜.「〜でお買い物いただきありがとうございます」

〈乗客に向けたアナウンス〉

- Attention, all passengers.「乗客の皆様にお知らせです」
- We hope you're enjoying your flight with 〜.
「〜でのフライトをお楽しみいただいていれば幸いです」

目的・主題をとらえる

- 早い段階でアナウンスの**目的と主題**をつかみ、それを前提として内容を聞くことが重要
- **冒頭に特に注意を向けて聞く**
  → 「誰に向けたものなのか」がわかる内容とアナウンスの目的・主題は、冒頭にまとまって説明されることが多い

Stage 11

第十一の鬼

Part 4 広告・宣伝を攻略する

わたしが有利な間合いに
鬼を誘い込み、
矢を放つ。

接近戦がすべてじゃない。

自分が持つ武器の特性を知り、
最大限に活かす。

Stage 11

第十一の鬼

[Part 4] 広告・宣伝

まずは敵を知る

Part 4で出題される「広告・宣伝」とは、**顧客である聞き手に対して**、商品の購入を促したりサービスの利用を勧めたりするトークの種類である。商品やサービスの紹介だけでなく、新しい店や施設の開業、求人などがテーマとなることもある。

「広告・宣伝」には、基本的な**展開のパターン**がある。それは、**①呼びかけ（顧客の悩み・ニーズに訴える）→ ②商品・サービスの紹介 → ③特典の説明 → ④次の行動に促す**、という流れ。

① **呼びかけ（顧客の悩み・ニーズに訴える）**
   [例] Looking for ～?「～をお探しですか？」
       Are you tired of ～?「～にうんざりしていませんか？」
       If you're interested in ～,「もし～にご興味がおありなら、」

② **商品・サービスの紹介**

③ **特典の説明**
   [例] ～ is ○ percent off right now!「今なら～が○％オフです！」

④ **次の行動に促す**
   [例] Visit our Web site for ～.
       「～については当社ウェブサイトをご訪問ください」

まず①でターゲットとなる人たちを明確にし、その人たちの悩みやニーズに訴える。そしてその解決策として、②で自社の商品・サービスを紹介し、さらに魅力的に感じさせるために③で「お得感」を出し、④で購入・利用の方向へ行動を促す。「広告・宣伝」は、この展開パターンになることが基本である。

　具体的にどんな商品・サービスなのかは中身を聞いていかないとわからないが、この展開パターンを理解しておくと、**全体の話の内容が入ってきやすくなる**。この流れを頭に入れた上で、内容を聞くように心がけよう。

攻略法 その二　商品やサービスの強みを聞き取る

　先ほど説明した展開パターンのうち、この「広告・宣伝」でメインとなる内容が、②の商品・サービスの紹介。設問でもほぼ確実に問われる、重要な部分である。

　そして、「広告・宣伝」は顧客に商品やサービスを購入・利用してもらうことを目的としているため、当然、それを魅力的に見せるような紹介の仕方をするはず。つまり、**商品・サービスの強み**をしっかりと聞き取ることがポイントとなる。最初に提示した顧客の悩み・ニーズをふまえて、それを解決するためのどんな利点があるのか、ということに意識を向けながら内容を聞くようにしよう。

練習問題

1. What does the speaker say about TruFix Garages? ◀22
   (A) They are open only during weekdays.
   (B) They have customer lounges.
   (C) They have been renamed.
   (D) They are on major roads.

2. What do TruFix Garages offer free of charge?
   (A) Snacks and drinks
   (B) Temporary replacement vehicles
   (C) Safety inspections
   (D) A shuttle bus

3. How can people receive a discount?
   (A) By becoming a registered member
   (B) By buying a new vehicle
   (C) By introducing a friend
   (D) By making an appointment online

| 練習問題 | 解答・解説 |

 トーク文

Questions 1 through 3 refer to the following advertisement.

Nothing's worse than being late for work because you're stranded on the side of the road with car trouble. Make sure that doesn't happen to you by relying on TruFix Garages. While we have your car in for a service, our experienced mechanics perform preventative maintenance to keep your vehicle reliable. All our garages are located on main roads, making it easy for you to drop in on your way to work. We offer free loaner cars to keep you on the road, even when your car is in for service. Learn more about TruFix Garages on our Web site. While you're there, schedule an appointment and get five percent off your service.

 和訳

問題1-3は次の広告に関するものです。

車のトラブルで道端に立ち往生して仕事に遅れることほど悪いことはありません。TruFix自動車修理工場を頼ることによって、そのような事態が起こらないようにしましょう。サービスのためにあなたの車をお預かりする間、弊社の熟練の整備士が、あなたの車を信頼できる状態に保つための予防保全を行います。弊社のすべての自動車修理工場は主要道路沿いに位置しており、通勤中にも立ち寄りやすくなっています。あなたの車がサービス中であっても変わらず運転ができるよう、無料の代車を提供しています。TruFix自動車修理工場の詳細については、当社のウェブサイトをご覧ください。ウェブサイトにてご予約していただくと、サービスに対して5%割引を受けることができます。

[語注]
□ be stranded 立ち往生した　□ rely on ~ ~に頼る　□ garage 自動車修理（整備）工場
□ experienced 経験豊富な　□ mechanic 整備士　□ perform ~を行う
□ preventative maintenance 予防保全　□ drop in ~ ~に立ち寄る
□ on *one's* way to work ~が仕事に行く途中で
□ loaner（修理の期間に顧客に貸し出す）代替品

解説

1. 正解 D

話し手は、TruFix 自動車修理工場について何と言っていますか。

(A) それらは平日のみ営業している。
(B) それらは顧客用ラウンジがある。
(C) それらは名前を変更した。
(D) それらは主要道路沿いにある。

> TruFix 自動車修理工場について問われている。4 文目に All our garages are located on main roads「弊社のすべての自動車修理工場は主要道路沿いに位置している」とあるので、これを表した (D) が正解。

▲ 注意ポイント

この問題のように、3 問中 1 問目にもかかわらず、解答根拠が話の冒頭(1〜2 文目)に登場しないというケースもある。「1 問目だから冒頭の 1〜2 文目に根拠があるはずだ」と待ち構えすぎてしまうと、根拠がなかなか出てこなくて焦ってしまう。1 問目の解答根拠が話の 3 文目以降(中盤)に来るパターンがある、ということを念頭に置いておきたい。

[語注]
□ rename 〜の名称を変更する

2. 正解 B

TruFix自動車修理工場は何を無料で提供していますか。
(A) 軽食と飲み物
(B) 一時的な代車
(C) 安全点検
(D) シャトルバス

> TruFix自動車修理工場が無料で提供しているものは、5文目で話されている。We offer free loaner cars to keep you on the road, even when your car is in for service.「あなたの車がサービス中であっても変わらず運転ができるよう、無料の代車を提供している」とあるので、loaner carをTemporary replacement vehicles「一時的な代車」と表現した(B)が正解。

3. 正解 D

人々はどのように割引を受け取りますか。
(A) 登録会員になることによって
(B) 新しい車を購入することによって
(C) 友人を紹介することによって
(D) オンラインで予約をすることによって

> 話の後半で、TruFix 自動車修理工場のウェブサイトに関する話題が出る。最後の文に While you're there, schedule an appointment and get five percent off your service. 「そこ（＝ウェブサイト）で予約すると、サービスに対して5%割引を受けられる」とあることから、オンラインでの予約が割引を受けるための手段だとわかる。よって、正解は (D)。

[語注]
□ registered 登録された

攻略法まとめ

[Part 4] 広告・宣伝

その一

よくある流れを把握しておく

- 基本的な**展開パターン**を理解しておくと、全体の話の内容が入ってきやすくなる

- 「広告・宣伝」の基本的な展開パターンは、**①呼びかけ（顧客の悩み・ニーズに訴える）→②商品・サービスの紹介→③特典の説明→④次の行動に促す**、という流れ

① 呼びかけ（顧客の悩み・ニーズに訴える）

[例] Looking for 〜?「〜をお探しですか？」
　　 Are you tired of 〜?「〜にうんざりしていませんか？」
　　 If you're interested in 〜,「もし〜にご興味がおありなら、」

② 商品・サービスの紹介

③ 特典の説明

[例] 〜 is ○ percent off right now!「今なら〜が○%オフです！」

④ 次の行動に促す

[例] Visit our Web site for 〜.
　　 「〜については当社ウェブサイトをご訪問ください」

その二

商品やサービスの強みを聞き取る

- 「広告・宣伝」では、**商品・サービスの強み**をしっかりと聞き取る
  → 最初に提示した顧客の悩み・ニーズをふまえて、それを解決するためのどんな利点があるのか、ということに意識を向ける

Stage 12

第十二の鬼

Part 4

スピーチを攻略する

武器で武器を作る。
そんな発想は
これまでしてこなかったけど、
この戦いで学んだ。

**自分の強みは
さらに強くできるんだ。**

Stage 12
第十二の鬼

[Part 4] スピーチ

まずは敵を知る
Part 4で出題される「スピーチ」とは、「アナウンス」や「広告・宣伝」と同様に**複数の相手**に向けて話しているタイプのトーク。「スピーチ」は、パーティーや授賞式の参加者などのような**特定の相手に対するトーク**であることが特徴である。

🔊 23

攻略法その一　冒頭の発言から場所と聞き手を想像する

　「スピーチ」は、授賞式や歓送迎会などの場で、大勢の人を前にして話をするもの。話の内容を理解するためにはまず、**どんな場所でどんな人に対して話されているものなのか**、という点を把握することが重要となる。

　場所と聞き手をつかむヒントは、**スピーチの冒頭**に登場することが多い。冒頭で使われる表現の例をいくつか押さえておこう。

- I'm honored to *do* ~.
  「~して光栄です」
- I'm pleased to *do* ~.
  「~して嬉しいです」
- I'm happy to *do* ~.
  「~して嬉しいです」
- I'm excited to *do* ~
  「~してワクワクしています」
- On behalf of ~,
  「~を代表して」
- Thank you for inviting me to ~ to speak about ...
  「…について話すために~にお招きいただきありがとうございます」

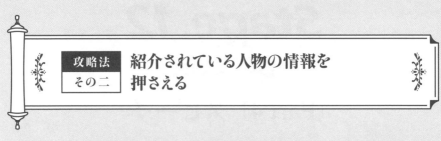

攻略法 その二　紹介されている人物の情報を押さえる

「スピーチ」の問題では、その中で**人物紹介**が行われるパターンもある。例えば、歓迎会で新しく入社する社員の紹介をしたり、送別会で退職する人のこれまでの経歴を説明したり、授賞式で司会者らしき人が受賞者の紹介をしたり、といった場面が登場する。

そのような種類の「スピーチ」の場合は、その人物の情報をいかに押さえられるかが重要となる。そして実際に設問でも、**Who is ○○?「○○は誰ですか」**のように、その紹介されている人物が何者なのかを問う問題が出題されることがある。話の全体像を理解するためにも、問題の正答率を上げるためにも、**紹介されている人物の情報を整理しながら聞く**ようにしよう。

また、情報を整理するときには、**「これまで」「現在」「これから」**という観点で情報を把握することがポイント。その人物が、これまでどんなことをしてきたのか、今は何をしているのか、これから何をする予定なのか、という情報を聞き取る意識を持っておくと、情報をより整理しやすくなる。

練習問題

1. What is the purpose of the event? ◀24

  (A) To accept an award
  (B) To motivate new interns
  (C) To honor employee excellence
  (D) To celebrate the retirement of a coworker

2. How many years has the company held the event?

  (A) For 3 years
  (B) For 5 years
  (C) For 8 years
  (D) For 10 years

3. What does the speaker say about Trevor Minter?

  (A) He is one of the business's longest-serving employees.
  (B) He is the chief organizer of the event.
  (C) He recently received a promotion.
  (D) He will provide a musical performance.

| 練習問題 | 解答・解説 |

 トーク文

Questions 1 through 3 refer to the following excerpt from a speech.

Good evening, everyone. I'm Emma Johnson, and I'll be the host of today's employee appreciation banquet. We take this opportunity every year to celebrate the hard work and dedication of our staff members. This is an annual event, and it's the tenth time we've held it. Every year, we do something a little different. This year, we've asked employees to provide entertainment. Trevor Minter has agreed to play a couple of songs for us on the piano to get the evening started. Let's give him a round of applause.

 和訳

問題 1-3 は次のスピーチの抜粋に関するものです。

こんばんは、皆さん。私は Emma Johnson と申しまして、本日の従業員感謝晩さん会の司会を務めさせていただきます。私たちは毎年、この機会を当社の従業員の熱心な働きと献身を称えるものとしています。これは年次のイベントで、今年で 10 回目の開催となります。毎年、私たちは少しずつ異なったことを行っています。今年は、従業員の皆さんに催し物をしていただけるよう頼んでいます。この夜の始まりに、Trevor Minter さんが私たちのためにピアノで数曲演奏することに同意してくださいました。それでは、彼に大きな拍手をお送りしましょう。

[語注]
□ host 司会者　□ appreciation 感謝　□ banquet 晩さん会、宴会　□ dedication 献身
□ annual 年次の、年に 1 回の　□ entertainment 催し物、余興
□ round of applause 大きな拍手、拍手喝采

解説

1. 正解 **C**

イベントの目的は何ですか。
(A) 賞を受け取ること
(B) 新しいインターン生の意欲を起こさせること
(C) 従業員の優秀さを称えること
(D) 同僚の退職を祝うこと

> 2 文目で晩さん会が行われることが示され、さらに続く 3 文目に We take this opportunity every year to celebrate the hard work and dedication of our staff members.「私たちは毎年、この機会を当社の従業員の熱心な働きと献身を称えるものとしている」とある。つまり、晩さん会は従業員を称えるために行われるということがわかる。よって、正解は (C)。

[語注]
□ motivate ~に意欲を起こさせる　□ honor ~を称える　□ retirement 退職

2. 正解 D

会社は、何年間そのイベントを開催していますか。
(A) 3年間
(B) 5年間
(C) 8年間
(D) 10年間

> トーク文の中盤に、This is an annual event, and it's the tenth time we've held it.「これは年次のイベントで、今年で10回目の開催となる」とある。毎年開催されており今年で10回目ということは、10年間イベントを開催していると判断できる。よって、(D) が正解。

⚠ 注意ポイント

annual「年に1回の」という頻度を表す形容詞はTOEIC頻出。選択肢で once a year「1年に1回」という表現に言い換えられることも多く、問題の解答根拠になりやすい。また、頻度に関する表現はほかにもさまざまあり、biannual「年に2回の」や biennial「2年ごとの」といった形容詞なども解答根拠となることが多い。

3. 正解 D

話し手は Trevor Minter について何と言っていますか。
(A) 彼はその会社で最も長く勤めている従業員の一人である。
(B) 彼はそのイベントの主催者である。
(C) 彼は最近昇進した。
(D) 彼は音楽の演奏を行う予定である。

> 話の後半に、Trevor Minter has agreed to play a couple of songs for us on the piano「Trevor Minter さんが私たちのためにピアノで数曲演奏することに同意してくれた」という発言がある。彼が音楽の演奏を行うということがわかるので、正解は (D)。

[語注]
□ longest-serving 最も長く勤めている　□ chief organizer 主催者

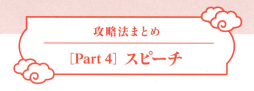

攻略法まとめ
[Part 4] スピーチ

その一

冒頭の発言から場所と聞き手を想像する

- **どんな場所でどんな人に対して**話されているものなのかを把握することが重要
- 場所と聞き手をつかむヒントは、**スピーチの冒頭**に登場することが多い
    [例] I'm honored to *do* 〜.「〜して光栄です」
    　　Thank you for inviting me to 〜 to speak about ...
    　　「…について話すために〜にお招きいただきありがとうございます」
    　　など

その二

紹介されている人物の情報を押さえる

- 「スピーチ」の問題では、その中で**人物紹介**が行われるパターンもある
    [例] 歓迎会で新しく入社する社員の紹介をする
    [例] 送別会で退職する人のこれまでの経歴を説明する
    [例] 授賞式で司会者らしき人が受賞者の紹介をする
- 紹介されている**人物の情報を整理しながら**聞く
    →「**これまで**」「**現在**」「**これから**」という観点で情報を把握することがポイント

Stage 13
第十三の鬼

Part 4
会議を攻略する

傷を負い、満身創痍。
もうだめかもしれない。

けれど、
あきらめるわけにはいかない。

立ち上がれ、
わたし！

Stage 13

第十三の鬼

[Part 4] 会議

まずは敵を知る

Part 4 で出題される「会議」とは、**ビジネスでの打ち合わせの一部を抜粋したもの**を指す。話し手は会議の司会者、もしくはプレゼンテーションを行っている人物であることが多い。テーマとして、司会者が議題や予定の変更を伝えるもの、プレゼンターがプロジェクトの進捗状況や調査結果の報告などを行うものなどが出題される。

攻略法 その一 　課題・問題点を押さえる

「会議」というものは、何か議題があった上で、それに関して何かを共有したり話し合ったりする場である。つまり、「会議」の内容を理解するために最も重要となるのが**議題**。何が課題なのか、何が問題点としてあるのか、という点を把握する必要がある。

そして次のように、課題や問題点を問うような設問が登場することもある。

- What problem does the speaker mention?
  「話し手は、何の問題について述べていますか」
- What problem is the speaker discussing?
  「話し手は、何の問題について話し合っていますか」
- What is the speaker concerned about?
  「話し手は何について心配していますか」
- What is the problem?
  「問題は何ですか」

このような設問で迷うことなく正解を選べるようにするためにも、課題と問題点をつかむ意識を忘れないようにしよう。また、議題となる内容がはっきりと話される際に

は、例えば次のような表現が使われる。聞き逃さないために、表現の例を覚えておくことをお勧めする。

- I'd like to discuss ～.「～について話し合いたいです」
- I'd like to talk about ～.「～について話したいです」
- The main focus of today's meeting is ～.
  「今日の打ち合わせの最大の焦点は～です」
- I've called this meeting to *do* ～.
  「～するためにこの打ち合わせを招集しました」
- This meeting is to *do* ～.
  「この打ち合わせは～するためのものです」
- However, ～.「しかし～です」
- ～, but ...「～ですが、…です」

攻略法 その二 今後の流れを待ち構える

「会議」の場では、現状の問題点や原因についてだけでなく、問題の解決策や今後の方針・行動計画、会議の参加者にこれからやってほしいことなどについて話されることが多い。**次にどうするのか**、**聞き手にどうするように指示しているのか**、といった点は設問でも問われやすい傾向にあるので、次のような表現の例も頭に入れた上で、**「今後の流れはどうなるのか」**という説明を待ち構えながら聞くようにしよう。

〈今後の流れについて伝えるときの表現〉
- Please ～.「～してください」
- I'll ～.「（私は）～します」
- We'll ～.「私たちは～します」
- I need your suggestions on ～.「～について皆さんのご提案が必要です」
- Now, I'd like you to ～.「さて、皆さんに～してもらいたいと思います」

練習問題

1. What will happen on Monday? ◀26

   (A) Equipment will be installed.
   (B) A product will be launched.
   (C) A training program will commence.
   (D) Offices will be painted.

2. What are the listeners asked to do?

   (A) Submit a report
   (B) Take their computers home
   (C) Call their clients
   (D) Empty the refrigerator

3. When will the planned work be completed?

   (A) By Tuesday
   (B) By Wednesday
   (C) By Thursday
   (D) By Friday

| 練習問題 | 解答・解説 |

 トーク文

Questions 1 through 3 refer to the following excerpt from a meeting.

Thanks for coming to this sudden meeting. I know this could have been covered in an e-mail, but I wanted to make sure everyone understood. The office is getting old and worn, so we thought it was time to have the walls painted. Work will start on Monday. I'd like you to work from home for a few days. You all have laptops, so that won't be a problem. Just don't leave them behind when you go home tonight. The painters will be done on Wednesday, but let's wait a day for the smell to disappear. So, I'll see you all back here on Friday next week.

 和訳

問題 1-3 は次の会議の抜粋に関するものです。
この突然の会議に集まっていただき、ありがとうございます。E メールで触れることもできたかもしれないのですが、確実に皆さんに理解していただきたかったのです。当オフィスは古く傷んできたので、壁を塗り替える時期だと考えました。作業は月曜日から始まります。数日間、皆さんには在宅勤務をしていただきたいです。皆さん全員ノートパソコンを持っているので、問題はないでしょう。ただ、今晩帰宅するときにそれらを置き忘れていくことのないようにしてください。塗装工は水曜日に作業を終了する予定ですが、においが消えるまで 1 日待ちましょう。では、来週の金曜日にまたここでお会いしましょう。

[語注]
☐ sudden 突然の　☐ could have *done* 〜だったかもしれない　☐ cover 〜を扱う
☐ have *A done* A が〜される　☐ work from home 在宅勤務をする
☐ leave behind 〜 〜を置き忘れる　☐ painter 塗装業者、ペンキ屋　☐ smell におい
☐ disappear 消える

解説

1. 正解 **D**

月曜日に何が起こりますか。
(A) 機器が設置される。
(B) 製品が発売される。
(C) 研修プログラムが開始される。
(D) オフィスが塗装される。

> 話し手はトーク文の前半で The office is getting old and worn, so we thought it was time to have the walls painted.「オフィスは古く傷んできたので、壁を塗り替える時期だと考えた」と話し、Work will start on Monday.「作業（＝壁の塗り替え）は月曜日から始まる」と続けている。よって、正解は (D)。have the walls painted「壁を塗り替える」が Offices will be painted.「オフィスが塗装される」に言い換えられている。

[語注]
□install ～を設置する、～を取り付ける　□commence 始まる

2. 正解 B

聞き手たちは何をすることを頼まれていますか。
(A) レポートを提出する
(B) コンピュータを家に持ち帰る
(C) 顧客に電話をする
(D) 冷蔵庫を空にする

> 話し手はトーク文の中盤である5文目で、聞き手たちである従業員に対して在宅勤務を一時的に行う旨を伝え、6文目で全員がノートパソコンを持っているということを確認している。そして、7文目で Just don't leave them behind when you go home tonight.「ただ、今晩帰宅するときにそれら（＝ノートパソコン）を置き忘れていくことのないように」と伝えている。つまり、聞き手たちはコンピュータを家に持ち帰るよう頼まれているのである。このことから、正解は (B)。

[語注]
□ take A home A を家に持ち帰る　□ empty 〜を空にする

3. 正解 **B**

計画されている作業はいつ完了しますか。

(A) 火曜日までに
(B) 水曜日までに
(C) 木曜日までに
(D) 金曜日までに

> 計画されている作業とは、オフィスの壁の塗装である。8文目に The painters will be done on Wednesday「塗装工は水曜日に作業を終了する予定である」とあるので、正解は (B) となる。Friday「金曜日」は来週オフィスで従業員たちが会う曜日であるため、(D) は不正解。

攻略法まとめ
［Part 4］会議

課題・問題点を押さえる

- 何が**課題**なのか、何が**問題点**としてあるのか、という点を把握する
- **課題や問題点を問うような設問が登場することもある**

  ［例］What problem does the speaker mention?
  「話し手は、何の問題について述べていますか」

  What problem is the speaker discussing?
  「話し手は、何の問題について話し合っていますか」

  What is the speaker concerned about?
  「話し手は何について心配していますか」

  What is the problem?「問題は何ですか」

- **議題となる内容がはっきりと話される際の表現**を押さえておく

  ［例］I'd like to discuss 〜.「〜について話し合いたいです」

  I'd like to talk about 〜.「〜について話したいです」

  など

今後の流れを待ち構える

- **「今後の流れはどうなるのか」**という説明を待ち構えながら聞く
  → 次にどうするのか、聞き手にどうするように指示しているのか
- **今後の流れについて伝えるときの表現**を押さえておく

  ［例］Please 〜.「〜してください」

  I'll 〜.「（私は）〜します」

  We'll 〜.「私たちは〜します」

  I need your suggestions on 〜.
  「〜について皆さんのご提案が必要です」

  Now, I'd like you to 〜.
  「さて、皆さんに〜してもらいたいと思います」

Stage 14

第十四の鬼

Part 4 ニュース・ラジオを攻略する

暗くてよく見えないが、
城の中に
隠し階段のような場所を見つけた。

そして鬼を操っている
何者かがいる？

客観的にこの状況を
どう理解すればよいか…

Stage 14

第十四の鬼

[Part 4] ニュース・ラジオ

まずは敵を知る

Part 4 で出題される「ニュース・ラジオ」とは、**メディアを通して伝えられる情報全般**を指す。トークのテーマとしてはビジネスニュースや交通情報、天気予報などがある。また、ゲストを迎えてインタビューを行うようなトーク番組が出題されることもある。

◀ 27

攻略法 その一　よくあるトピックを把握しておく

「ニュース・ラジオ」のタイプのトークには、**よく出てくる定番のトピック**というものが存在する。このタイプの問題を攻略するためには、その定番のトピックを把握しておくことが重要。実際、どのようなテーマをもとに話しているのかがわからないと、全体の話の流れについていけず、問題の解答根拠も聞き逃してしまう。「こういうトピックが定番だ」という情報を頭の片隅に置いておくことで、話の内容がスッと入ってくる状態を作っておくことが1つのコツである。

「ニュース・ラジオ」で登場する定番のトピックは、**ビジネスニュース**、**交通情報**、**天気予報**、**トーク番組**など。それぞれで話される内容の例とともに、定番トピックを押さえておこう。

〈ビジネス・地域ニュース〉
- 企業の買収や合併
- 地域の新しい施設のオープン
- 地域のイベントの開催

〈交通情報〉
- 工事による道路封鎖
- 交通渋滞

〈天気予報〉
- 近づいている嵐の様子
- 大雪予報とその影響

〈トーク番組〉
- 新刊本の紹介と著者のインタビュー
- 映画の紹介と監督のインタビュー

攻略法 その二　聞き手に促す行動を押さえる

「ニュース・ラジオ」では、話の最後で**聞き手に対して何らかの行動を促す発言を**していることが多く、その情報が設問でも問われやすい。最終的に、**聞き手にどんな行動を促しているのかをつかむ意識**で内容を聞くことが、「ニュース・ラジオ」の問題の攻略のポイント。

ただ、そのためには、行動を促している発言に敏感に反応できる必要がある。相手に何かをお勧めしたり案内したりするときの表現の例をインプットしておこう。

- Please 〜.「〜してください」
- Be sure to *do* 〜.「必ず〜してください」
- I encourage you to *do* 〜.「〜することをお勧めします」
- Why don't you 〜?「〜してみてはいかがですか」
- All you have to do is 〜.「あなたがしなければいけないのは〜だけです」

練習問題

1. What is the main topic of the news report? ◀28

 (A) An increase in wages
 (B) A reduction in government spending
 (C) A new trend in farming strategies
 (D) An agreement between two businesses

2. What type of business is Pennypackers Associates?

 (A) A machinery manufacturer
 (B) A farming consultancy
 (C) An accounting company
 (D) An investment firm

3. Why does the speaker say, "Many farms have been investing in additional machinery and livestock"?

 (A) To suggest that a manufacturer is dependable
 (B) To indicate an optimistic outlook
 (C) To confirm the outcome of a study
 (D) To advise a different course of action

| 練習問題 | 解答・解説 |

 トーク文

Questions 1 through 3 refer to the following news report.

Good evening. I'm Terry Brown, and this is Springdale Local News at 7:00. A recent government report had some good news for local workers. Salaries in Springdale have increased and are now five percent above the national average. Local accounting firm Pennypackers Associates explained the difference by pointing out that our local industries were having a very successful year. There's been high demand for dairy products around the country. As for the future outlook, it seems very promising. This area is particularly suited to dairy farming, and we face little competition. Many farms have been investing in additional machinery and livestock.

 和訳

問題 1-3 は次のニュース報道に関するものです。

こんばんは。私は Terry Brown と申しまして、こちらは 7 時の Springdale 地域ニュースです。最近の政府の報告の中に、地元の労働者たちにとって嬉しいニュースがありました。Springdale の給与は上昇し、現在全国平均より 5% 高くなっています。地元の会計事務所である Pennypackers Associates は、私たちの地元産業が非常に好調な年を迎えていることを指摘し、この差を説明しました。全国で、乳製品の高い需要があるのです。今後の見通しに関しても、これは大変有望なことでしょう。この地域は特に酪農に適しており、競争もほとんどありません。多くの農場は追加の機械や家畜への投資を行っています。

[語注]
□ national 全国の、自国の　□ point out ~ ~を指摘する　□ dairy products 乳製品
□ outlook 見通し　□ promising 有望な　□ be suited to ~ ~に適している
□ particularly 特に　□ dairy farming 酪農　□ face ~に直面する
□ competition 競争　□ invest in ~ ~に投資する　□ livestock 家畜

解説

1. 正解 **A**

   ニュース報道の主題は何ですか。
   (A) 給与の増加
   (B) 政府支出の削減
   (C) 農業戦略の新しいトレンド
   (D) 2 社間の合意

   > 話し手は地元の労働者たちにとっていいニュースがあるということを前置きし、4 文目で Salaries in Springdale have increased and are now five percent above the national average. 「Springdale の給与は上昇し、現在全国平均より 5% 高くなっている」と続けている。このことから、ニュース報道の主題は給与の増加であると言える。よって、(A) が正解。

   [語注]
   □ wage 賃金　□ spending 支出

2. 正解 **C**

Pennypackers Associates の業種は何ですか。
(A) 機械製造業
(B) 農業コンサルタント
(C) 会計会社
(D) 投資会社

> 話の中盤で Local accounting firm Pennypackers Associates「地元の会計事務所である Pennypackers Associates は」とあるので、この会社が会計事務所であるということがわかる。よって、これを An accounting company「会計会社」と言い換えた (C) が正解。

3. 正解 B

話し手はなぜ "Many farms have been investing in additional machinery and livestock" と言っていますか。

(A) 製造業者が信頼できるということを示すため
(B) 楽観的な見通しを示すため
(C) 研究結果を確認するため
(D) 別の行動方針をアドバイスするため

> 話の後半で There's been high demand for dairy products around the country. As for the future outlook, it seems very promising.「全国で乳製品の高い需要がある。今後の見通しに関しても、これは大変有望なことだ」とあり、地元の今後を明るく捉えていることが理解できる。そして、話し手は続けて This area is particularly suited to dairy farming, and we face little competition.「この地域は特に酪農に適しており、競争もほとんどない」と、酪農の事業が安定していることを説明している。これらの内容を受けて「多くの農場は追加の機械や家畜への投資を行っている」という発言へと続くので、この発言は楽観的な見通しを示すためだと考えるのが自然である。よって、正解は (B)。

[語注]
□ dependable 信頼できる　□ outcome 結果
□ course of action（従うべき）一連の行動方針

攻略法まとめ

[Part 4] ニュース・ラジオ

その一

よくあるトピックを把握しておく

- **定番のトピック**を把握しておくことで、内容がスッと入ってくる状態を作っておく
- 「ニュース・ラジオ」の定番のトピックは、**ビジネスニュース**、**交通情報**、**天気予報**、**トーク番組**など

その二

聞き手に促す行動を押さえる

- **聞き手にどんな行動を促しているのか**をつかむ意識で内容を聞く
  → その情報が設問でも問われやすい
- **行動を促している発言**に敏感に反応できるように、表現の例をインプットしておく

  [例] Please ～.「～してください」
  　　 Be sure to *do* ～.「必ず～してください」
  　　 I encourage you to *do* ～.「～することをお勧めします」
  　　 Why don't you ～?「～してみてはいかがですか」
  　　 All you have to do is ～.「あなたがしなければいけないのは～だけです」

Stage 15

第十五の鬼

Part 4 電話メッセージを攻略する

岩が飛んでくる。
後ろから鬼がやってくる。
彼らの声や息づかいを
注意深く聞くことで、
行動が読めるようになってきた。

**弱かったわたしでも
勝てるかもしれない。**

Stage 15

第十五の鬼

[Part 4] 電話メッセージ

まずは敵を知る

Part 4で出題される「電話メッセージ」とは、**留守番メッセージ**のことを指す。はじめに挨拶と相手（聞き手）の名前、そして自分自身（話し手）の名前を伝えてから具体的な用件に入る、という流れが多い。また、電話をかけてきた人への「自動応答メッセージ」が出題されることもある。

🔊 29

攻略法 その一　話し手と聞き手の関係性をつかむ

「電話メッセージ」は、これまで学習したPart 4のトークタイプとは異なり、特定の誰かに対して宛てたもの。つまり、Part 3について解説した第七の鬼「同僚同士の会話」(P.87)、第八の鬼「B to Bの会話」(P.95)、第九の鬼「B to Cの会話」(P.105)でのポイントと同様に、**話し手と聞き手がどんな関係性なのかをつかむ**ことがまず重要である。

Part 4は1人の人物によるトークではあるが、この「電話メッセージ」のトークでは特に、話の中では発言をしない"**聞き手（メッセージの受け取り手）**"の存在も意識する必要がある。そしてPart 3でも解説したように、やり取りをしている**人物の関係性**が推測できるような発言は、**話の冒頭**で登場することが多い。冒頭部分に特に意識を集中させて、できるだけ早い段階で関係性をつかんだ上で、具体的な話の内容を聞くようにしよう。

　留守番電話のメッセージを残しているということは、**聞き手（メッセージの受け取り手）に何か明確に伝えたいことがある**ということ。そのため、**その用件が何かをつかめるかどうか**が「電話メッセージ」のタイプの問題を攻略できるかどうかに大きく関わってくる。

　基本的には、メッセージのはじめの方で用件を伝えるのが一般的。そこで用件がわかる発言を聞き逃さないように注意したい。第九の鬼「B to C の会話」(P.105) でも紹介した、**用件を述べるときのフレーズ**を改めて確認しておこう。

- I'm calling about ～.
  「～についてお電話しています」
- I'm calling because ～.
  「～なのでお電話しています」
- I'm calling to *do* ～.
  「～するためにお電話しています」
- I'd like to *do* ～.
  「～したいのですが」
- I'm looking for ～.
  「～を探しています」
- I'm interested in ～.
  「～に興味があります」

練習問題

1. Who most likely is the speaker? ◀ 30

(A) A computer technician
(B) A dry cleaner
(C) A furniture store clerk
(D) An auto mechanic

2. What does the speaker say about Mr. Jones' item?

(A) It was lost in shipping.
(B) It will be delayed.
(C) It was damaged.
(D) It was incorrectly labeled.

3. What information does the speaker request from Mr. Jones?

(A) His reservation number
(B) His e-mail address
(C) His delivery time
(D) His home address

🎯 トーク文

Questions 1 through 3 refer to the following telephone message.

Good afternoon, Mr. Jones. It's Kyle Rypley from Mega Ultrawash calling. You left a suit with us for dry cleaning last week. Regretfully, there was a problem with one of our machines, and your pants were slightly ripped. We've had them professionally repaired, and they are ready for you to pick up. The staff at the store will point out the repair when you come in. All client clothing is covered by our insurance, so we will be happy to reimburse you for the cost of a replacement. Our insurance provider would like to mail you some forms to start the process, though. Would you mind telling me your address when you have time?

🎯 和訳

問題 1-3 は次の電話のメッセージに関するものです。

こんにちは、Jones さん。Mega Ultrawash の Kyle Rypley がお電話しております。先週、お客さまはドライクリーニングのためにスーツをお預けくださいました。残念ながら、弊社の機械の 1 つに問題があり、お客さまのズボンが少し破けてしまいました。弊社はこちらを専門家に修繕してもらい、現在はお受け取りいただける状態にあります。ご来店いただいた際、店舗スタッフから修繕箇所をお伝えいたします。すべてのお客さまの衣服は弊社の保険で補償されますので、交換費用は全額返金いたします。ただ、保険会社からお手続きのためにいくつかの書類を郵送させていただきたいです。お時間のあるときにご住所をお伺いしてもよろしいでしょうか。

［語注］
☐ dry cleaning ドライクリーニング、乾燥洗濯　☐ regretfully 残念ながら
☐ slightly わずかに　☐ rip 〜を破く、〜を引き裂く
☐ professionally 専門家の手で、プロによって　☐ pick up 受け取る
☐ be covered by 〜　〜によって補償される　☐ insurance 保険
☐ reimburse A for B　A に B を払い戻す　☐ replacement 交換
☐ insurance provider 保険会社　☐ mail 〜を郵送する

🔍 解説

1. 正解 B

話し手は誰だと考えられますか。
(A) コンピューター技術者
(B) クリーニング屋
(C) 家具屋の店員
(D) 自動車整備士

> 話し手は3文目で、You left a suit with us for dry cleaning last week.「先週、お客さまはドライクリーニングのためにスーツをお預けくださいました」と言っている。話し手はクリーニング屋を営んでいると判断できるので、正解は (B)。

2. 正解 C

話し手は、Jones さんの品物について何と言っていますか。
(A) それは配送中になくなった。
(B) それは遅延する予定である。
(C) それは損傷を受けた。
(D) それにはラベルが誤って貼られていた。

> 話し手は4文目で、Regretfully, there was a problem with one of our machines, and your pants were slightly ripped.「残念ながら、弊社の機械の1つに問題があり、お客さまのズボンが少し破けてしまった」と Jones さんの品物がスーツのズボンであること、そしてそれが少し破けてしまったことを伝えている。これを It was damaged.「それは損傷を受けた」と言い換えた (C) が正解。

3. 正解 D

話し手が Jones さんに依頼している情報は何ですか。
(A) 予約番号
(B) E メールアドレス
(C) 配達時間
(D) 自宅の住所

> 話の最後に Would you mind telling me your address when you have time?「時間のあるときに住所を伺ってもよいか」とあることから、話し手が Jones さんに求めている情報は彼の自宅の住所であるとわかる。よって、正解は (D)。

攻略法まとめ
［Part 4］電話メッセージ

その一
話し手と聞き手の関係性をつかむ

- 話し手と聞き手がどんな関係性なのかをつかむことがまず重要
- 冒頭部分に特に意識を集中させて、できるだけ早い段階で関係性をつかむ
  → やり取りをしている人物の関係性が推測できるような発言は、話の冒頭で登場することが多い

その二
電話の用件をつかむ

- 「電話メッセージ」の問題を攻略するために大事なのは、**用件**をつかめるかどうか
- メッセージのはじめの方で、**用件を伝える発言**を聞き逃さないように注意する

  ［例］I'm calling about ～.「～についてお電話しています」
  　　　I'm calling because ～.「～なのでお電話しています」
  　　　I'm calling to *do* ～.「～するためにお電話しています」
  　　　I'd like to *do* ～.「～したいのですが」
  　　　I'm looking for ～.「～を探しています」
  　　　I'm interested in ～.「～に興味があります」

Practice 1

模試 1

問題

◀ 31

32. Where does the conversation most likely take place?

    (A) In a clinic
    (B) In a curtain store
    (C) At an apartment building
    (D) At a real estate office

33. What does the woman suggest?

    (A) Asking for a discount
    (B) Arranging a home visit
    (C) Finding a new apartment
    (D) Looking at product samples

34. What will the man probably do next?

    (A) Call a colleague
    (B) Visit a real estate agency
    (C) Check his schedule
    (D) Look at a catalog

35. Who most likely is the man?

    (A) A travel agent
    (B) A flight attendant
    (C) An airline representative
    (D) A tour conductor

36. What is the problem?

    (A) A flight is full.
    (B) There is a traffic jam.
    (C) A plane is delayed.
    (D) Some luggage is too heavy.

37. What does the woman decide to do?

    (A) Receive a refund
    (B) Search for an accommodation
    (C) Pay an additional fee
    (D) Postpone her trip

38. What is the purpose of the conversation?

    (A) To introduce a colleague
    (B) To arrange a delivery
    (C) To recommend a product
    (D) To schedule a repair

39. Where does the woman work?

    (A) In a garage
    (B) At a production company
    (C) At a delivery company
    (D) In a doctor's office

40. What will the woman do tomorrow?

    (A) Send a form
    (B) Attend a conference
    (C) Install some software
    (D) Come to work early

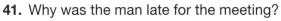

41. Why was the man late for the meeting?

    (A) His taxi was late.
    (B) His alarm did not ring.
    (C) His car broke down.
    (D) His schedule had an error.

42. What does the woman ask about?

    (A) How long the meeting will take
    (B) Whether the man will buy a new truck
    (C) Where the man's office is
    (D) When some work will be finished

43. What does the woman offer the man?

    (A) Advice about public speaking
    (B) Directions to the worksite
    (C) Use of a company vehicle
    (D) An invitation to a grand opening

◀ 35

44. Where most likely does the conversation take place?

    (A) At a fitness center
    (B) At a pharmacy
    (C) At a café
    (D) At a golf club

45. What does the man say he has forgotten?

    (A) His membership card
    (B) His office key
    (C) His mobile phone
    (D) His wallet

46. What does the man say he has?

    (A) An appointment
    (B) A discount coupon
    (C) An invitation
    (D) A driver's license

47. What is the man considering purchasing?

    (A) A chair
    (B) A refrigerator
    (C) A vehicle
    (D) A projector

48. According to the woman, why is her office unusable?

    (A) It smells of paint.
    (B) The furniture is old.
    (C) The temperature is too high.
    (D) It is too small.

49. Why does the man say, "You should have told me"?

    (A) He could have solved a problem earlier.
    (B) He went to the wrong address.
    (C) He expects to hear news immediately.
    (D) He cannot read his e-mail.

◀ 37

50. Where does the conversation most likely take place?

    (A) In a private home.
    (B) In an amusement park
    (C) In a government building
    (D) In a hospital

51. Why are the men probably visiting the woman?

    (A) To submit some forms
    (B) To carry out some repairs
    (C) To make a purchase
    (D) To provide a price estimate

52. What will the men do next?

    (A) Deliver an order
    (B) Consult with their employer
    (C) Retrieve their equipment
    (D) Dispose of some garbage

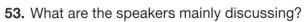

53. What are the speakers mainly discussing?

    (A) Taking a vacation
    (B) Getting professional advice
    (C) Hiring more employees
    (D) Arranging a conference

54. What is the man concerned about?

    (A) The cost
    (B) The timing
    (C) The location
    (D) The marketing

55. Why does the woman say, "It's a big venue"?

    (A) To encourage the man to start planning
    (B) To suggest changing a location
    (C) To confirm the size of a building
    (D) To explain the need for a celebrity

56. What is the problem with Meeting Room A?

    (A) It is crowded.
    (B) It is too noisy.
    (C) It needs new equipment.
    (D) It has been reserved.

57. What does the man say he will do?

    (A) Contact a builder
    (B) Purchase a device
    (C) Reschedule a meeting
    (D) Reserve a room

58. What will the women do this morning?

    (A) Visit a client
    (B) Review a plan
    (C) Speak with a supplier
    (D) Install some equipment

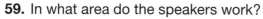

59. In what area do the speakers work?

- (A) Construction
- (B) Insurance
- (C) Hotel management
- (D) Business consulting

60. What does the woman say she needs?

- (A) To be assigned more challenging work
- (B) To receive better benefits
- (C) To work from home
- (D) To have more flexible hours

61. What does the man ask the woman about?

- (A) Her current workload
- (B) Her ideas for improvement
- (C) Her willingness to relocate
- (D) Her employment history

◀ 41

IronFury	$32,000
SkyTracer	$25,000
ShadowViper	$17,000
BlazeForge	$12,000

62. When does the conversation most likely take place?

(A) In the morning
(B) At noon
(C) In the afternoon
(D) In the evening

63. Look at the graphic. Which model will be discontinued?

(A) The IronFury
(B) The SkyTracer
(C) The ShadowViper
(D) The BlazeForge

64. What does the woman say about the Marsden factory?

(A) It will be shut down.
(B) It will be reassigned.
(C) It will be relocated.
(D) It will be expanded.

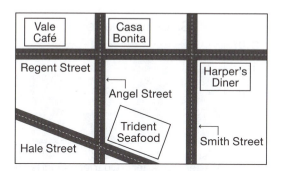

65. Where do the speakers most likely work?

(A) At a publishing company
(B) At a hotel
(C) At an art gallery
(D) At a garage

66. Look at the graphic. Which restaurant will the speakers most likely eat at?

(A) Vale Café
(B) Casa Bonita
(C) Harper's Diner
(D) Trident Seafood

67. What does the man say he will do?

(A) Write a review
(B) Pay for lunch
(C) Read some instructions
(D) Contact some colleagues

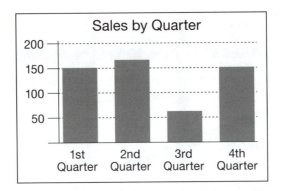

68. What kind of products does the speakers' company produce?

(A) Mobile devices
(B) Passenger vehicles
(C) Farm equipment
(D) Computer parts

69. Look at the graphic. When was the new model most likely released?

(A) In first quarter
(B) In second quarter
(C) In third quarter
(D) In fourth quarter

70. What does the man suggest?

(A) Conducting a survey
(B) Hiring a new advertising company
(C) Reviewing some designs
(D) Adding some new features

71. What is being announced?

    (A) A rescheduled arrival time
    (B) A refund policy
    (C) A cancellation of a flight
    (D) A delay in the boarding process

72. What are passengers asked to do?

    (A) Go to an information desk
    (B) Proceed to a different gate
    (C) Weigh their carry-on luggage
    (D) Visit the airline Web site

73. When is the flight scheduled to depart?

    (A) At 8:00 A.M.
    (B) At 8:30 A.M.
    (C) At 9:00 A.M.
    (D) At 9:30 A.M.

◀ 45

74. What does the speaker say about the clearance sale?

   (A) It is held every year.
   (B) It has been postponed.
   (C) It was a big success.
   (D) It will end tomorrow.

75. What items are being discounted?

   (A) Clothing
   (B) Appliances
   (C) Furniture
   (D) Toys

76. How long will the discounts mentioned in the announcement be available?

   (A) For one day
   (B) For two days
   (C) For three days
   (D) For four days

77. Where is the talk most likely taking place?

(A) In a hospital
(B) In a research facility
(C) In a dental clinic
(D) In a consultancy firm

78. What role will Dr. Simmons fill from next month?

(A) Laboratory assistant
(B) Product designer
(C) Managing director
(D) Head of human resources

79. According to the talk, what has Dr. Simmons done recently?

(A) Published a paper
(B) Upgraded some equipment
(C) Hired an assistant
(D) Made a presentation

◀ 47

80. When is the report being given?

   (A) In the morning
   (B) At noon
   (C) In the afternoon
   (D) In the evening

81. What is causing traffic delays near the Jolly Bridge?

   (A) Construction work
   (B) A stalled truck
   (C) Traffic congestion
   (D) Malfunctioning traffic signals

82. What does the speaker recommend?

   (A) Leaving home earlier
   (B) Taking public transportation
   (C) Choosing a different route
   (D) Listening for updates

83. What is the main purpose of the talk?

    (A) To describe an artwork
    (B) To announce a membership program
    (C) To explain some building renovations
    (D) To recommend a gift shop

84. What recent event does the speaker mention?

    (A) An art exhibition
    (B) A grand opening
    (C) A charity auction
    (D) An anniversary celebration

85. What does the speaker suggest?

    (A) Learning about an artist
    (B) Buying a gift
    (C) Watching a video
    (D) Eating at the café

🔊 49

86. Who most likely is the speaker?

　　(A) A recent recruit
　　(B) A job applicant
　　(C) A section manager
　　(D) A sales assistant

87. What is the purpose of the call?

　　(A) To report a problem
　　(B) To express thanks
　　(C) To suggest an improvement
　　(D) To offer some advice

88. Why does the speaker say, "The deadline is today"?

　　(A) To highlight the urgency of a situation
　　(B) To explain his surprise
　　(C) To request additional time
　　(D) To provide a reminder for a colleague

89. Where is the speech being given?

(A) At an awards ceremony
(B) At a building opening
(C) At a professional conference
(D) At a product launch

90. What is Ms. Wilde's field of expertise?

(A) Engineering
(B) Fashion
(C) Education
(D) Finance

91. Why does the speaker say, "Where are you, Madeline"?

(A) He needs to take something to Madeline.
(B) He wants Madeline to come forward.
(C) He will work out a delivery time.
(D) He cannot see the audience well.

◀ 51

92. Why is the speaker calling Jake?

    (A) To comment on an advertisement
    (B) To introduce a potential employee
    (C) To recommend a financial institution
    (D) To discuss a job application

93. What does the speaker say about the paperwork?

    (A) It takes too long to fill out.
    (B) It was incomplete.
    (C) It is due today.
    (D) It was sent to the wrong address.

94. What does the speaker imply when she says, "she's working at Vandelay Banking Group"?

    (A) A woman may not be interested in changing jobs.
    (B) A woman may be difficult to contact.
    (C) A woman should be known to the listener.
    (D) A woman must be highly qualified.

Coastal Banksia	$47
Frangipani	$34
Lomandra	$24
Angular Pigface	$17

95. Who is the workshop intended for?

(A) Sales representatives
(B) Agriculture students
(C) Store customers
(D) Landscape architects

96. What is mentioned about the workshop?

(A) It is a weekly event.
(B) It can be attended online.
(C) Tickets are available a week in advance.
(D) Reservations are hard to get.

97. Look at the graphic. Which plant is the speaker most likely holding?

(A) Coastal Banksia
(B) Frangipani
(C) Lomandra
(D) Angular Pigface

◀ 53

```
HARTLEY TIRE AND MECHANICAL
         MEMBER'S CARD
  ||||||||||||||||||||||||||||||||||
Card Holder: Tony Day
Membership Level: Green
Expiration Date: October 21
       Lawnton Central Store
```

98. What is mentioned about Hartley Tire and Mechanical?

  (A) It has multiple locations.
  (B) It sells used vehicles.
  (C) It operates a free shuttle bus.
  (D) It specializes in commercial vehicles.

99. What time does the business close?

  (A) 5:00 P.M.
  (B) 5:30 P.M.
  (C) 6:00 P.M.
  (D) 6:30 P.M.

100. Look at the graphic. Which information on the card does the speaker say the cardholder should check?

  (A) Tony Day
  (B) Green
  (C) October 21
  (D) Lawnton Central Store

Practice 1
模試 1

解答・解説

★ 正解一覧は P.342 へ

スクリプト　　　　　　　　　　　　　　　　　　　　　◀ 31

Questions 32 through 34 refer to the following conversation.

W: Welcome to Window Wonders. Is there something I can help you with this morning?
M: Hi. Um... I've just moved into a new apartment, and the windows in the living room are huge. We don't have any curtains. I looked at some online stores, but they don't sell anything big enough.
W: I see. Do you have the measurements? We offer a very reasonable custom-made service, but I'd need precise measurements.
M: My measurements are a bit rough, I'm afraid.
W: Why don't we arrange for one of our staff to come to your home? She'll be able to give you a price estimate on the spot.
M: That'd be great. I'm a bit busy this week; let me take a look at my calendar.

🔖 スクリプトの訳

問題 32-34 は次の会話に関するものです。
女性：ようこそ Window Wonders へ。今朝は何かお手伝いできることはありますか。
男性：こんにちは。えっと、新しいマンションに引っ越したところなのですが、リビングルームの窓が非常に大きくて。カーテンがないんです。いくつかオンラインショップを見たのですが、十分に大きいものは販売していないんです。
女性：なるほど。寸法はわかりますか。非常にお手頃なオーダーメードサービスをご提供しておりますが、正確な寸法が必要になります。
男性：私の寸法は少し大ざっぱなんです、残念ながら。
女性：スタッフの一人をご自宅に伺うように手配いたしましょうか。彼女はその場でお見積り金額をお伝えすることができますよ。
男性：それはいいですね。今週は少し忙しいんです。スケジュール帳を見させてください。

[語注]
□ move into 〜 〜に引っ越す　□ measurements 寸法　□ reasonable 手頃な
□ precise 正確な　□ rough おおよその　□ arrange for A to do A が〜するよう手配する
□ estimate 見積り　□ on the spot その場で、すぐに
□ calendar スケジュール帳、カレンダー

解説

[選択肢の訳]

32. 会話はどこで行われていると考えられますか。

(A) 診療所
(B) カーテン屋 **正解**
(C) アパート
(D) 不動産屋

男性は最初の発言で「リビングルームの窓が非常に大きくて。カーテンがないんです」と伝えている。それに対して女性は 2 番目の発言で「非常にお手頃なオーダーメードサービスをご提供しております」と述べているため、カーテンを探している男性が「カーテン屋」に来ていると考えられる。よって、(B) が正解。

[語注]
- real estate 不動産

[選択肢の訳]

33. 女性は何を提案していますか。

(A) 割引を求めること
(B) 家への訪問を手配すること **正解**
(C) 新しいアパートを見つけること
(D) 商品見本を見ること

女性は最後の発言で、提案をする場合に使われる Why don't we ~？という表現を用いて「スタッフの一人をご自宅に伺うように手配いたしましょうか」と伝えているため、(B) が正解。for one of our staff to come to your home「スタッフの一人がご自宅に伺うこと」が a home visit「家への訪問」と言い換えられている。

[語注]
- ask for ~ ~を求める
- product 商品、製品
- sample 見本、サンプル

[選択肢の訳]

34. 男性はおそらく次に何をしますか。

(A) 同僚に電話をする
(B) 不動産業者を訪問する
(C) スケジュールを確認する　　正解
(D) カタログを見る

> 男性は最後の発言で、let me do「(私に) ~させてください」という今後の行動の許可を求める表現を用いて let me take a look at my calendar「(私に)(自分の) スケジュール帳を見させてください」と言っているため、この後にスケジュールを確認すると考えられる。よって、(C) が正解。calendar には「予定」や「予定帳」という意味があり、schedule と言い換えることができる。

[語注]
□ colleague 同僚　□ real estate agency 不動産業者　□ catalog カタログ

🔖 スクリプト ◀ 32

Questions 35 through 37 refer to the following conversation.

W: Hi. My name's Greta Walsh. I have a reservation on Flight 387 for Seattle.

M: Thank you for choosing TFR Airlines, Ms. Walsh. I'm afraid this flight has been overbooked. We can offer to put you up in a nearby hotel and give you a seat on the next available flight to Seattle.

W: I guess I could spend another day here. When is the next flight?

M: We have a flight leaving at 8:00 A.M. tomorrow. You could be in Seattle by 10:30.

W: OK. I'll take that one. How soon can I check into the hotel? I'm a bit exhausted.

🔖 スクリプトの訳

問題 35-37 は次の会話に関するものです。

女性：こんにちは。Greta Walsh と申します。Seattle 行きの 387 便に予約があります。

男性：TFR 航空を選んでいただきありがとうございます、Walsh 様。申し訳ございませんが、当便は定員以上の予約がなされております。近くのホテルにご宿泊いただき、空席がある次の Seattle 行きの便にお席をご用意できますが。

女性：ここでもう 1 日過ごせなくもないと思います。次の便はいつですか。

男性：明日の午前 8 時に出発する便がございます。10 時 30 分までには Seattle に到着できます。

女性：わかりました。その便に乗ります。あとどれくらいでホテルにチェックインできますか。少し疲れていて。

［語注］
- overbook 〜に定員以上の予約をとる　□ offer to *do* 〜するよう申し出る
- put up 〜 〜を泊める　□ available 空席のある、利用できる
- exhausted 疲れきった

解説

[選択肢の訳]

35. 男性は誰だと考えられますか。

(A) 旅行代理業者
(B) 客室乗務員
(C) 航空会社職員　正解
(D) 添乗員

> 女性は冒頭で男性に対して名前を名乗った後、「Seattle 行きの 387 便に予約があります」と伝えている。それに対し男性は「TFR 航空を選んでいただきありがとうございます」と言い、女性の搭乗便について案内を進めているので、男性は TFR 航空の職員だと考えられる。よって、(C) が正解。

[語注]
☐ representative 代表者、担当者

[選択肢の訳]

36. 何が問題ですか。

(A) ある便が満席である。　正解
(B) 交通渋滞がある。
(C) 飛行機が遅延している。
(D) 荷物が重すぎる。

> Seattle 行きの便に予約があると言う女性に対し、男性は最初の発言で I'm afraid this flight has been overbooked.「申し訳ございませんが、当便は定員以上の予約がなされております」と伝えている。よって、(A) が正解。I'm afraid「申し訳ございませんが」は、問題点など伝えづらいことを述べる際に前置きとして用いられる。

[語注]
☐ traffic jam 交通渋滞　☐ delayed 遅れた　☐ luggage 荷物

［選択肢の訳］
37. 女性は何をすると決めていますか。
  (A) 払い戻しを受ける
  (B) 宿泊施設を探す
  (C) 追加料金を支払う
  (D) 旅行を延期する　　正解

> 男性は女性が乗る予定だった便のオーバーブッキングの問題の解決策として、ホテルでの宿泊と、次の便への振替を女性に提案している。それを聞いた女性は次のフライトの日時を尋ね、「明日の午前8時に出発する便がございます」という男性の返答に対して、「その便に乗ります」と答えている。今日の便から明日の午前8時の便に変更するということは「旅行を延期する」ということになるため、(D) が正解。

［語注］
☐ refund 払い戻し、返金　☐ accommodation 宿泊施設　☐ additional 追加の
☐ fee 料金　☐ postpone ～を延期する

スクリプト 🔊 33

Questions 38 through 40 refer to the following conversation.

W: Hi. It's Mary Wang at Freedman Clinic. I'd like to reschedule our next delivery. It was supposed to be next week, but we're running out of sterilizing fluid and gloves.
M: Hi Mary. My schedule is really full until Friday this week. Can you wait that long?
W: I don't think so. We've hired an extra doctor, and now we have twice as many patients. I was hoping to get the supplies by tomorrow morning.
M: I see. I could make an early-morning delivery. Will there be someone there to receive them before 8:00 A.M.?
W: I usually start at 9:00 A.M., but I'll be waiting for you at eight tomorrow morning.

スクリプトの訳

問題 38-40 は次の会話に関するものです。

女性：こんにちは。Freedman クリニックの Mary Wang です。次の配送の日程変更をしたいと思っています。それは来週の予定だったのですが、消毒液と手袋がなくなりそうなんです。
男性：こんにちは、Mary。今週の金曜日までずっと私のスケジュールがいっぱいでして。そんなに長くは待てませんか。
女性：待てそうにないと思います。1 名臨時の医師を採用したのですが、今では 2 倍の患者がいるんです。明日の朝までに備品を入手できたらと思っていたのですが。
男性：なるほど。早朝の配達ならできるかもしれません。そちらには午前 8 時以前に備品を受け取れる人は誰かいますか。
女性：通常、私は午前 9 時に始業なのですが、明日の朝は 8 時に待っているようにします。

[語注]
□ reschedule 〜の予定を変更する　□ delivery 配送
□ be supposed to *do* 〜することになっている
□ run out of 〜　〜を切らす、〜を使い果たす　□ sterilize 〜を消毒する　□ fluid 液体
□ gloves 手袋　□ extra 臨時の　□ patient 患者　□ supplies 備品、在庫品

解説

[選択肢の訳]

38. 会話の目的は何ですか。

(A) 同僚を紹介すること
(B) 配送を手配すること　　正解
(C) 商品を勧めること
(D) 修理の予定を立てること

> 女性は冒頭の発言で「次の配送の日程変更をしたいと思っています」と伝えているため、(B) が正解。続く「それは来週の予定だったのですが、消毒液と手袋がなくなりそうなんです」という発言は、女性が日程変更をしたいと考える事情を説明するもの。reschedule「〜の予定を変更する」が arrange「〜を手配する」に言い換えられている。

[語注]
　□ introduce 〜を紹介する　□ colleague 同僚　□ schedule 〜の予定を立てる

[選択肢の訳]

39. 女性はどこで働いていますか。

(A) 自動車整備工場
(B) 制作会社
(C) 配送会社
(D) 医院　　正解

> 女性は2番目の発言で「1名臨時の医師を採用したのですが、今では2倍の患者がいるんです」と述べているため、女性は病院で勤務していると考えられる。よって、(D) が正解。冒頭で女性が名乗っている It's Mary Wang at Freedman Clinic「Freedman クリニックの Mary Wang です」の Clinic が doctor's office に言い換えられている。

[選択肢の訳]

40. 女性は明日何をしますか。

(A) 用紙を送る
(B) 会議に参加する
(C) ソフトウェアをインストールする
(D) 早めに出勤する　　正解

> 男性は最後の発言で「そちらには午前 8 時以前に備品を受け取れる人は誰かいますか」と尋ねている。それに対して女性は「通常、私は午前 9 時に始業なのですが、明日の朝は 8 時に待っているようにします」と伝えており、いつもよりも 1 時間早く出勤するとわかるため、(D) が正解。

[語注]
- form 用紙　□ attend ~に参加する、~に出席する　□ conference 会議
- install ~をインストールする、~を設置する

🔊 スクリプト   ◀ 34

Questions 41 through 43 refer to the following conversation.

M: I'm sorry I'm late for the meeting, everyone. I had a breakdown on the way to work. It took over an hour for the tow truck to arrive.

W: That's fine, but will your car be fixed today? We have a 7:00 A.M. start in East Brisbane tomorrow morning.

M: They said it won't be ready for me to pick up until Friday. So, I'll have to take a taxi to the worksite tomorrow morning.

W: Why don't you take the office van home this evening? We'll load it up with all the equipment this afternoon, and you can bring it to the worksite for us in the morning.

🔊 スクリプトの訳

問題 41-43 は次の会話に関するものです。

男性：会議に遅れてしまって申し訳ございません、みなさん。通勤途中で故障してしまって。レッカー車が到着するのに 1 時間以上かかったんです。

女性：それは大丈夫なのですが、あなたの車は今日直りますか。明日の朝は East Brisbane で午前 7 時にスタートですよ。

男性：金曜日までは私が車を引き取る準備はできないだろうと言っていました。そのため、私は明日の朝、現場までタクシーに乗る必要があります。

女性：今日の夕方は、家まで会社のトラックに乗って行ったらどうですか。今日の午後に私たちでトラックにすべての備品を積み込んで、あなたには朝、私たちのために備品を現場に持ってきてもらうことができますよ。

[語注]
☐ breakdown 故障　☐ tow truck レッカー車
☐ have a ~ start ~のスタートを切る　☐ pick up ~ ~を引き取る
☐ worksite 現場、仕事場　☐ van 小型トラック、バン　☐ load up *A* with *B* A に B を積む
☐ equipment 備品

解説

[選択肢の訳]

41. 男性はなぜ会議に遅れましたか。

(A) タクシーが遅れた。
(B) アラームが鳴らなかった。
(C) 車が故障した。　　正解
(D) スケジュールに間違いがあった。

> 男性は冒頭の発言で「会議に遅れてしまって申し訳ございません」と謝罪し、続けて I had a breakdown on the way to work.「通勤途中で故障してしまって」と理由を説明している。breakdown「故障」は、機械や自動車の故障に用いられる表現。男性は続けて「レッカー車が到着するのに1時間以上かかったんです」と述べているため、ここでは「車が故障した」とわかる。よって、(C) が正解。

[語注]

□ ring 鳴る　□ error 間違い

[選択肢の訳]

42. 女性は何について尋ねていますか。

(A) 会議の所要時間
(B) 男性が新しいトラックを買うかどうか
(C) 男性のオフィスの場所
(D) 作業がいつ終わるか　　正解

> the work「作業」は男性の故障した車の修理作業だと考えられる。女性は最初の発言で「あなたの車は今日直りますか」と男性に尋ねている。それに対して男性は「金曜日までは私が車を引き取る準備はできないだろうと (彼らは) 言っていました」と答えている。They said の They「彼ら」は修理工場の人たちを指すので、修理作業は金曜日までかかるとわかる。よって、(D) が正解。

[選択肢の訳]

43. 女性は男性に何を提供していますか。

(A) 演説についての助言
(B) 作業場への道順
(C) 社用車の利用　　正解
(D) グランドオープニングへの招待

> 女性は最後の発言で、提案をする場合に使われる Why don't you ～?「～したらどうですか」という表現を用いて「今日の夕方は、家まで会社のトラックに乗って行ったらどうですか」と述べているため、(C) が正解。the office van が選択肢では a company vehicle と言い換えられている。

[語注]

☐ public speaking 演説、公の席で話すこと　☐ directions 道順　☐ vehicle 乗り物
☐ grand opening グランドオープン（記念イベントを伴うオープン）

スクリプト　　　　　　　　　　　　　　　　　🔊 35

Questions 44 through 46 refer to the following conversation.

W: Welcome to Highland Health Club. How can I help you today?
M: Hi, I'm actually a member here. I usually exercise in the mornings.
W: Oh, that's why I didn't recognize you. I only work in the evenings.
M: Right. I'd like to get a workout in before I go home, but I left my membership card at my office.
W: That's OK. Do you have any identification?
M: I have my driver's license.
W: That'll work. I'll use it to confirm your membership in the database.

🔊 スクリプトの訳

問題 44-46 は次の会話に関するものです。
女性：Highland ヘルスクラブへようこそ。今日はどういったご用件でしょうか。
男性：こんにちは、実は私はここのメンバーなんです。たいていは午前中に運動しています。
女性：ああ、それでどなたかわからなかったんですね。私は夕方にだけ出勤しているんです。
男性：そうなんですね。帰宅前に運動をしたいと思ったのですが、事務所に会員カードを置いてきてしまいました。
女性：問題ないですよ。何か身分証明書はお持ちですか。
男性：運転免許証があります。
女性：それで大丈夫です。データベース上でお客様の会員資格を確認するために、運転免許証を使わせていただきますね。

［語注］
☐ recognize ～を認識する、～が誰だかわかる　☐ get in ～ ～を（予定内に）組み入れる
☐ workout 運動　☐ identification 身分証明書　☐ driver's license 運転免許証
☐ confirm ～を確認する　☐ membership 会員資格

解説

[選択肢の訳]
44. 会話はどこで行われていると考えられますか。

(A) フィットネスセンター　正解
(B) 薬局
(C) カフェ
(D) ゴルフクラブ

> 冒頭で女性に用件を聞かれた男性は、最初の発言で「実は私はここのメンバーなんです。たいていは午前中に運動しています」と伝えていることから、この会話は運動をするための会員制の施設で行われているとわかる。よって、(A) が正解。また、女性は最初に Welcome to Highland Health Club.「Highland ヘルスクラブへようこそ」と発言しているが、この Health Club が選択肢では fitness center と言い換えられている。

[選択肢の訳]
45. 男性は何を忘れたと言っていますか。

(A) 会員カード　正解
(B) 事務所の鍵
(C) 携帯電話
(D) 財布

> 男性は、2 番目の発言で I left my membership card at my office「事務所に会員カードを置いてきてしまいました」と伝えていることから、(A) が正解。leave「〜を置き忘れる」が、設問文では forget「〜を持ってくるのを忘れる」に言い換えられている。

[選択肢の訳]
46. 男性は何を持っていると言っていますか。

(A) 予約
(B) 割引クーポン
(C) 招待状
(D) 運転免許証　正解

> 会員カードを忘れたという男性に対して、女性は 3 番目の発言で「何か身分証明書はお持ちですか」と尋ねている。それに対し男性は I have my driver's license.「運転免許証があります」と答えているので、(D) が正解。

スクリプト

Questions 47 through 49 refer to the following conversation.

M: Hi, Mary. Did you notice that we've got some money left over in the department budget? We need to spend it in the next few weeks. How about replacing the projector in the conference room?

W: I know it's getting old, but we have some more pressing issues. Can't we get a bigger air conditioner? I've been working in the breakroom because my office is too hot.

M: <u>You should have told me</u>. I would have asked a technician to take a look at it. A unit that size should be more than big enough for that space, so it might just be broken.

W: Thanks, Tony. I thought it was just too small for the room.

📣 スクリプトの訳

問題 47-49 は次の会話に関するものです。

男性：こんにちは、Mary。部門の予算にいくらかお金が残っていることに気付きましたか。この後の数週間でそれを使う必要があります。会議室のプロジェクターを取り替えるのはどうでしょう？

女性：老朽化しつつあるのはわかっているのですが、もっと差し迫った問題がありますよ。もっと大きいエアコンを手に入れられませんか。オフィスが暑すぎて、私はずっと休憩室で仕事をしているんです。

男性：<u>言ってもらえたらよかったのに</u>。私が技術者にそれを見てもらうよう頼んだだろうに。あのサイズのエアコンであれば、あのスペースには十分すぎるほど大きいはずなので、ただ壊れているだけかもしれません。

女性：ありがとうございます、Tony。今のエアコンは、その部屋に対しては小さすぎると思っていました。

［語注］
☐ leave over 〜 〜を残しておく　☐ department 部門　☐ budget 予算
☐ replace 〜を取り替える　☐ conference 会議　☐ pressing 差し迫った
☐ breakroom 休憩室　☐ unit（エアコン等の設備）一式

解説

[選択肢の訳]

47. 男性は何を購入することを検討していますか。

(A) 椅子
(B) 冷蔵庫
(C) 乗り物
(D) プロジェクター　**正解**

> 男性は最初の発言で「部門の予算にいくらかお金が残っている」と伝えた後、その使い道として「会議室のプロジェクターを取り替えるのはどうでしょう?」と女性に提案している。よって、(D) が正解。How about *doing* ～?「～はどうですか」は提案をする場合に使われる表現。

[語注]
□ purchase ～を購入する

[選択肢の訳]

48. 女性によると、なぜ彼女のオフィスは使えないのですか。

(A) それはペンキのにおいがする。
(B) 家具が古い。
(C) 室温が高すぎる。　**正解**
(D) それは小さすぎる。

> 女性は最初の発言で、プロジェクターを取り替えるという男性の提案に対して、「もっと大きいエアコンを手に入れられないでしょうか」と言い、希望を伝えている。続けて、その理由として「オフィスが暑すぎて、私はずっと休憩室で仕事をしているんです」と述べている。したがって、仕事ができないほど室温が高いことがオフィスにいられない理由だとわかるため、(C) が正解。

[語注]
□ unusable 使えない　□ paint ペンキ　□ temperature 温度

[選択肢の訳]

49. 男性はなぜ "You should have told me" と言っていますか。

(A) 彼はもっと早く問題を解決できた。　　正解
(B) 彼は間違った住所に行ってしまった。
(C) 彼はニュースを直ちに聞くつもりである。
(D) 彼は E メールを読むことができない。

> 男性は、下線部の発言に続けて「私が技術者にそれ（＝エアコン）を見てもらうよう頼んだだろうに」と述べている。また、さらに続けて「あのサイズのエアコンであれば、あのスペースには十分すぎるほど大きいはず」と言い、エアコンの大きさの問題ではなく単に壊れているだけかもしれないということを伝えている。(A unit that size should be ～ の that size は A unit を後置修飾している) これは、現在の状況を改善するために「もっと大きいエアコンを手に入れられませんか」と尋ねる女性に対し、壊れているだけであれば技術者に見てもらってすぐに問題を解決できたはずだと伝えているもの。したがって、該当の発言で「言われていればすぐに対処できていたのに」という気持ちを伝えていると判断できるため、(A) が正解。should have *done* は「～すべきだったのに（しなかった）」という意味で、非難や後悔の気持ちを含意する表現。

[語注]
　　□ expect to *do* ～するつもりである　　□ immediately 直ちに

🔖 スクリプト　◀ 37

Questions 50 through 52 refer to the following conversation with three speakers.

M1: Hi. We're from Hanson Plumbing Co. We were told you need someone to fix a leaking pipe in the cellar.
W: Oh. You got here fast. I only called about 20 minutes ago.
M2: We just finished a job in the neighborhood. We've parked our truck in your driveway. I hope you don't mind.
W: That's fine; let me show you through to the cellar. My house is a bit of a mess, I'm afraid. There's a crack in the pipe, and it's leaking on the floor.
M1: OK. Just give us a moment. If it's a broken pipe, we'll need a few things.
M2: Yes. We'll just get our tools from the truck first.

🔖 スクリプトの訳

問題 50-52 は 3 人の話し手による次の会話に関するものです。

男性 1：こんにちは。私たちは Hanson 配管工事社の者です。あなたが地下室の漏水管を修理する人を必要としていると伺いました。
女性：　まあ。早かったですね。ほんの 20 分ほど前に電話しました。
男性 2：ちょうど近所で作業を 1 つ終えたところだったんです。私道にトラックを駐車させていただきました。お気になさらなければよいのですが。
女性：　大丈夫ですよ。地下室までご案内させてください。あいにく、私の家は少し散らかっていますが。パイプに亀裂があって、床に漏れているんです。
男性 1：なるほど。少々お待ちください。亀裂のあるパイプということになると、いくつか必要となるものがございます。
男性 2：そうなんです。まずちょっとトラックから工具を取ってまいります。

[語注]
☐ plumbing 配管　☐ leak 漏れる　☐ cellar 地下室、地下貯蔵庫　☐ neighborhood 近所
☐ driveway 私道　☐ a bit of ～ 少しの～　☐ mess 散らかっている状態　☐ crack 亀裂
☐ tool 工具

解説

［選択肢の訳］

50. 会話はどこで行われていると考えられますか。

(A) 個人宅　正解
(B) 遊園地
(C) 政府の建物
(D) 病院

> 男性2は、最初の発言で女性に「私道にトラックを駐車させていただきました。お気になさらなければよいのですが」と述べている。それに対して女性は「大丈夫ですよ」と駐車を許可し、続けて「あいにく、私の家は少し散らかっていますが」と述べていることから、会話は女性の個人宅で行われていると考えられる。よって、(A) が正解。

［語注］

□ private 個人の　□ amusement 娯楽（施設）　□ government 政府

［選択肢の訳］

51. なぜ男性たちは女性を訪問していると考えられますか。

(A) 用紙を提出するため
(B) 修理を行うため　正解
(C) 購入するため
(D) 価格の見積もりを提示するため

> 男性1は、冒頭の発言で女性に対して「あなたが地下室の漏水管を修理する人を必要としていると伺いました」と、来宅の理由を述べている。また、女性は2番目の発言で「パイプに亀裂があって、床に漏れているんです」と言い、地下室まで男性たちを案内している。よって、(B) が正解。

［語注］

□ submit ～を提出する　□ form 用紙　□ carry out ～ ～を実行する
□ purchase 購入　□ estimate 見積もり

[選択肢の訳]

52. 男性たちは次に何をしますか。

(A) 注文を届ける
(B) 雇用主と相談する
(C) 用具類を取りに行く　　正解
(D) ゴミを処分する

> 男性1は最後の発言で「少々お待ちください。亀裂のあるパイプということになると、いくつか必要となるものがございます」と述べ、男性2もそれに同意し「まずちょっとトラックから工具を取ってまいります」と述べている。したがって、(C)が正解。男性1が a few things「いくつかのもの」と言ったものを男性2は our tools「工具」と呼び、それらが選択肢では equipment「用具類」と言い換えられている。

[語注]
- consult with ～ ～と相談する
- employer 雇用主
- retrieve ～を取り戻す、～を回収する
- equipment 備品、用具類
- dispose of ～ ～を処分する

🔖 スクリプト　　　　　　　　　　　　　　　　　　　🔊 38

Questions 53 through 55 refer to the following conversation.

M: We need to start planning the annual real estate conference soon. Should we use the Carleton Conference Center again?

W: Sure. It was very popular, and there are a few new hotels in the area that make it even more convenient. I'd like to invite Carlos Hammond from *The Property Show* to be our keynote speaker.

M: It's a great idea, but he's really famous. It won't be cheap. I don't think our budget will stretch that far.

W: <u>It's a big venue</u>. If we want to fill it, we need a big name on the schedule.

M: I guess we could contact his agent and ask.

🔖 スクリプトの訳

問題 53-55 は次の会話に関するものです。

男性：すぐに年次不動産会議の計画を立て始めないといけませんね。また Carleton 会議センターを使うのがよいでしょうか。

女性：そうですね。それはとても人気がありましたし、あのエリアに会議センターをいっそう便利にしてくれる新しいホテルがいくつかあるんです。基調講演者に『プロパティーショー』の Carlos Hammond を招待したいなと考えています。

男性：それは名案ですが、彼は本当に有名ですよ。安くないのではないでしょうか。私たちの予算はそこまでの余裕がないと思います。

女性：<u>大きな会場です</u>。もし満席にしたいなら、日程に有名人が必要ですよ。

男性：彼のエージェントに連絡して聞いてみてもいいかもしれませんね。

[語注]
- annual 年次の
- real estate 不動産
- conference 会議
- property 不動産
- keynote speaker 基調講演者
- budget 予算
- stretch（資金や予算の）余裕がある、伸びる
- venue 会場
- fill ～を満たす
- big name 有名人、大物
- agent エージェント、代理人

解説

[選択肢の訳]

53. 話し手たちは主に何について話し合っていますか。

(A) 休暇を取ること
(B) 専門家のアドバイスをもらうこと
(C) もっと従業員を雇うこと
(D) 会議を手配すること　　正解

> 男性は冒頭の発言で We need to start planning the annual real estate conference soon.「すぐに年次不動産会議の計画を立て始めないといけませんね」と述べ、女性に、Carleton 会議センターを使うべきかを尋ねている。女性は同意し、Carleton 会議センターについて話を続けているため、(D) が正解。planning the annual real estate conference が arranging a conference と言い換えられている。

[語注]
□ professional 専門家の　□ hire 〜を雇う　□ employee 従業員

[選択肢の訳]

54. 男性は何について心配していますか。

(A) 費用　　正解
(B) タイミング
(C) 場所
(D) マーケティング

> 女性の Carlos Hammond を招待するという案に、男性は2番目の発言で「それは名案です」と同意しつつも、「安くないのではないでしょうか。私たちの予算はそこまでの余裕がないと思います」と述べている。budget「予算」を気にかけているということは、cost「費用」を心配していると言えるため、(A) が正解。

［選択肢の訳］

55. 女性はなぜ "It's a big venue" と言っていますか。

(A) 計画を立て始めることを男性に促すため
(B) 場所の変更を提案するため
(C) 建物の大きさを確認するため
(D) 有名人の必要性を説明するため　　正解

> 男性は2番目の発言で「私たちの予算はそこまでの余裕がないと思います」と述べることで、Carlos Hammondという有名人を招待したいという女性の案に対し、懸念を示している。それに対して女性はIt's a big venue.「大きな会場です」と言い、続けて「もし満席にしたいなら、日程に有名人が必要ですよ」と述べている。したがって、「予算の都合上、有名人は呼べない」と考える男性に、「むしろ、有名人が来ないと満席にならない」という集客上の必要性を説明していると考えられるので、(D)が正解。

［語注］

- encourage A to do Aに～するように促す　□ confirm ～を確認する
- need 必要性　□ celebrity 有名人

🚩 スクリプト　　　　　　　　　　　　　　　　　🔊 39

Questions 56 through 58 refer to the following conversation with three speakers.

W1: The regional meeting is coming up next week. Kate, it's online again, right?

W2: That's right. Last time a lot of people complained about the background noise coming from our side. Perhaps we should avoid Meeting Room A this time.

M: Yes. It's on the wrong side of the building. It's too close to the highway. I'll reserve Meeting Room B for us this time.

W1: OK. Kate and I have some time today. We'll move the camera and microphones over to Meeting Room B and set them up there.

W2: Sales and marketing will be using the room from noon. We'd better get started.

M: Thanks. We can hold all our online meetings there from now on.

🚩 スクリプトの訳

問題56-58は3人の話し手による次の会話に関するものです。

女性1：地域会議が来週に迫っています。Kate、またオンラインですよね？

女性2：そうです。前回は多くの人が、私たち側から出る背景の雑音について不満を漏らしていました。今回は会議室Aを避けたほうがいいかもしれません。

男性：　そうですね。その部屋は建物の良くない側にありますから。そこは幹線道路に近すぎますよ。今回は私たち用に会議室Bを予約しておきますね。

女性1：わかりました。Kateと私は今日少し時間があります。私たちがカメラとマイクを会議室Bに移動させて、そこに設置しておきますよ。

女性2：販売宣伝部が正午からその部屋を使うことになっています。取りかかったほうがよいですね。

男性：　ありがとう。今後は私たちのオンライン会議はすべて会議室Bで行うこともできますね。

[語注]
☐ regional 地域の　☐ come up 近づく　☐ background 背景　☐ noise 雑音、ノイズ
☐ highway 幹線道路、主要道路　☐ reserve ～を予約する　☐ microphone マイク
☐ set up ~ ～を設置する　☐ had better *do* ～したほうがよい
☐ get started 取りかかる　☐ from now on 今後は

解説

[選択肢の訳]

56. 会議室Aの問題は何ですか。

(A) そこは混雑している。
(B) そこは騒がしすぎる。　正解
(C) そこは新しい機材が必要である。
(D) そこは予約されている。

> 女性2は最初の発言で「前回は多くの人が、私たち側から出る背景の雑音について不満を漏らしていました」と述べ、続けて「今回は会議室Aを避けたほうがいい」と提案している。この発言に対して男性も「その部屋は建物の良くない側にある」、「幹線道路に近すぎる」と同意しており、会議室Aは騒音が気になる部屋であることがわかる。よって、(B)が正解。

[語注]
□ noisy 騒がしい、うるさい

[選択肢の訳]

57. 男性は何をすると言っていますか。

(A) 建設業者に連絡する
(B) 装置を購入する
(C) 会議の日程を変更する
(D) 部屋を予約する　正解

> 女性2は最初の発言で「今回は会議室Aを避けたほうがいいかもしれません」と提案している。それに対し、男性は最初の発言で「今回は私たち用に会議室Bを予約しておきますね」と言っているため、(D)が正解。Meeting Room Bが、選択肢ではa roomと抽象的に言い換えられている。

[語注]
□ builder 建設業者　□ purchase 〜を購入する　□ device 装置、機器
□ reschedule 〜の日程変更をする

[選択肢の訳]
58. 女性たちは今日の午前中に何をしますか。

(A) 顧客を訪問する
(B) 計画を見直す
(C) 供給業者と話をする
(D) 備品を設置する　　正解

> 女性1は2番目の発言で「Kateと私は今日少し時間があります。私たちがカメラとマイクを会議室Bに移動させて、そこに設置しておきますよ」と述べているため、女性たちは今日、カメラとマイクの移動と設置を行うとわかる。続けて女性2は「販売宣伝部が正午からその部屋を使うことになっています。取りかかったほうがよいですね」と提案していることから、作業は、販売営業部が使い始める正午までに、すなわち「今日の午前中」に行うと考えられる。よって、(D)が正解。the camera and microphones が some equipment に、set ～ up が install に言い換えられている。

[語注]
□ review ～を見直す　□ supplier 供給業者

🔖 スクリプト　　　　　　　　　　　　　　　　◀ 40

Questions 59 through 61 refer to the following conversation.

M: Good morning, Ms. Clark. Thanks for coming in for this annual performance review. We're really impressed with your work in marketing. Room occupancy is up 15 percent this year.
W: Thanks. We appreciate all the help we've had from the other departments in the hotel. I have a few things I'd like to discuss, but I've been offered a position at another chain. They're offering me a 20 percent higher starting salary. If you can't match it, I might have to accept.
M: Obviously, I'd have to discuss this with the CEO. The easiest way would be to promote you to a higher position. Unfortunately, there aren't any openings here in Portland. Would you be against relocating to Chicago?

🔖 スクリプトの訳

問題 59-61 は次の会話に関するものです。

男性：おはようございます、Clark さん。今回の年次勤務評定にお越しいただきありがとうございます。私たちはあなたのマーケティングにおける働きに本当に感心しています。客室稼働率が今年は 15%アップしていますから。

女性：ありがとうございます。ホテルの他の部署からいただいたお力添えすべてに感謝しています。お話ししたいことがいくつかあるのですが、私は別のチェーン店でのポジションをオファーされているんです。彼らは私に、20%高い初年度の給料をオファーしています。もしその金額に見合うものにしていただけないのであれば、オファーを受け入れる必要があるかもしれません。

男性：当然ながら、私はこの件について CEO と話をする必要があると思います。一番簡単な方法は、あなたをより高いポジションに昇進させることでしょう。残念ながら、ここ Portland では空いているポジションがないんです。Chicago への転勤となると反対なさいますか。

[語注]
□ annual 年次の　□ performance 業績　□ review 評定、査定
□ be impressed with ~ ~に感心する　□ occupancy 占有率
□ appreciate ~に感謝する　□ department 部門
□ starting salary 初年度の給料、初任給　□ match ~と同額を与える、~に適合する
□ obviously 明らかに　□ promote ~を昇進させる　□ unfortunately 残念ながら
□ opening（職の）空き　□ against ~に反対している　□ relocate to ~ ~に転勤する

解説

[選択肢の訳]
59. 話し手たちはどの分野で働いていますか。
(A) 建設
(B) 保険
(C) ホテルマネジメント　　正解
(D) ビジネスコンサルティング

> 男性は最初の発言で、女性に対して「私たちはあなたのマーケティングにおける働きに本当に感心しています」と言っているため、女性はマーケティングの仕事をしていることがわかる。男性は続けて「客室稼働率が今年は15%アップしている」と述べ、女性も「ホテルの他の部署からいただいたお力添えすべてに感謝しています」と言っているため、2人が働いているのはホテル業界だと考えられる。マーケティングはマネジメントの一部と考えられるので、(C) が正解。

[選択肢の訳]
60. 女性は何が必要だと言っていますか。
(A) もっとやりがいのある仕事を割り当てられること
(B) より良い諸手当を受けること　　正解
(C) 在宅勤務をすること
(D) より融通の利く時間を確保すること

> 女性は他のホテルから20%高い初年度の給料をオファーされていることを伝え、「もしその金額に見合うものにしていただけないのであれば、オファーを受け入れる必要があるかもしれません」と述べている。If you can't match it の match は「〜と同額を与える」という意味で、女性は提示された20%高い給料と同水準の報酬を求めているとわかるため、(B) が正解。benefits は給料以外の諸手当を意味し、salary と benefits で報酬となる。

[語注]
□ assign 〜を割り当てる　□ challenging やりがいのある　□ benefits 諸手当
□ work from home 在宅勤務をする　□ flexible 融通の利く、柔軟な

[選択肢の訳]

61. 男性は女性に何について尋ねていますか。

(A) 彼女の現在の仕事量
(B) 彼女の改善のアイデア
(C) 彼女の転勤する意志　正解
(D) 彼女の雇用歴

> 男性は最後の発言で、女性に Would you be against relocating to Chicago?「Chicago への転勤となると反対なさいますか」と尋ねている。よって、転勤の意志の有無を確認していることがわかるため、(C) が正解。be against ~は「~に反対する」という意味。賛成か反対かを尋ねているということは、willingness「意志」を聞いていると言える。

[語注]
- current 現在の　□ workload 仕事量　□ improvement 改善
- willingness 意志、進んでする気持ち　□ relocate 転勤する　□ employment 雇用

📣 スクリプト　　　◀ 41

Questions 62 through 64 refer to the following conversation and list.

W: The first thing I'd like to talk about at this afternoon's meeting is our sales figures. I'm afraid we need to cut one of the motorcycle models from our lineup.
M: I heard that sales of the IronFury were lower than we expected.
W: That's true, but it is still a hugely profitable bike. The profit margin on high-end bikes is much larger.
M: So, which one will we cut? The cheapest one?
W: That's right. It doesn't cost much less to produce than the ShadowViper, and we earn far less on each sale.
M: Does that mean we're shutting down the Marsden factory?
W: No. We'll use that factory to produce replacement parts for our other models.

📣 スクリプトの訳

問題 62-64 は次の会話と表に関するものです。

女性：この午後の会議で最初にお話ししたいことは私たちの売上高です。残念ながらラインナップからバイクのモデルのうちの 1 つを廃止する必要があります。
男性：IronFury の売上が予想よりも低かったと聞きました。
女性：その通りなのですが、それでもそれは非常に利益の出るバイクなんです。高価格帯のバイクの利幅は他よりもずいぶん大きいですから。
男性：ということは、どのモデルを廃止しますか。一番安いモデルでしょうか。
女性：そうです。製造するのに ShadowViper よりずいぶん安いというわけでもないのに 1 台販売する毎の儲けはずっと少ないんです。
男性：それは Marsden 工場を閉鎖することを意味しますか。
女性：いいえ。Marsden 工場は他のモデルの交換用パーツを製造するのに使います。

IronFury	32,000 ドル
SkyTracer	25,000 ドル
ShadowViper	17,000 ドル
BlazeForge	12,000 ドル

[語注]
☐ figures 数字　☐ motorcycle バイク　☐ hugely 非常に　☐ profitable 利益をもたらす
☐ profit 利益　☐ margin 幅　☐ high-end 高価格帯の　☐ produce 〜を製造する
☐ shut down 〜 〜を閉鎖する　☐ replacement 交換

🔖 解説

[選択肢の訳]

62. 会話はいつ行われていると考えられますか。

(A) 午前中
(B) 正午
(C) 午後　　正解
(D) 夕方

> 女性は冒頭で The first thing I'd like to talk about at this afternoon's meeting「この午後の会議で最初にお話ししたいことは」と言って会議を始めているため、(C) が正解。

[選択肢の訳]

63. 図を見てください。どのモデルが製造中止になりますか。

(A) IronFury
(B) SkyTracer
(C) ShadowViper
(D) BlazeForge　　正解

> 男性は2番目の発言で which one will we cut?「どのモデルを廃止しますか」と女性に問いかけ、続けて「一番安いモデルでしょうか」と尋ねている。それに対して女性は「そうです」と答えているため、最も安いモデルである BlazeForge が廃止されるとわかる。よって、(D) が正解。cut「〜を廃止する」が discontinue「〜の製造を止める」と言い換えられている。

[語注]

□ discontinued 生産中止の

[選択肢の訳]
64. 女性は Marsden 工場について何と言っていますか。
- (A) それは閉鎖される。
- (B) それは転用される。　　正解
- (C) それは移転される。
- (D) それは拡張される。

> 女性は最も安いモデルである BlazeForge の生産打ち切りを男性に伝え、それに対して男性は、最後の発言で「それは Marsden 工場を閉鎖することを意味しますか」と尋ねている。ここから、Marsden 工場は BlazeForge を生産している工場だと判断できる。そして、女性は最後の発言で「Marsden 工場は他のモデルの交換用パーツを製造するのに使います」と述べているため、Marsden 工場は、BlazeForge の生産から交換用パーツの製造に転用されるとわかる。よって、(B) が正解。

[語注]
- □ reassign ～の配置を替える、～を転用する　□ relocate ～を移転する
- □ expand ～を拡張する

スクリプト ◀ 42

Questions 65 through 67 refer to the following conversation and map.

M: Where shall we take the new illustrator for lunch tomorrow? The chief editor said that the company would pay for it.
W: I feel like having seafood. How about that new place on Hale Street?
M: A few people here don't like seafood. There's a new place on the corner of Smith Street and Regent Street that I heard was good.
W: Fine with me, but make a reservation. I have a meeting with a writer after lunch, so I can't wait around long.
M: Sure. I'll send out an e-mail and see how many people can come.

📣 スクリプトの訳

問題 65-67 は次の会話と地図に関するものです。
男性：新しいイラストレーターを、明日の昼食にどこへ連れて行きましょうか。編集長がそのランチ代は会社が支払ってくれると言っていましたよ。
女性：シーフードが食べたい気分です。Hale 通りにある、あの新しい所はどうですか。
男性：ここの何人かがシーフードは好きではないんです。Smith 通りと Regent 通りの角に新しい所があって、そこは良かったと耳にしましたよ。
女性：私はそれで大丈夫ですが、予約はしてください。私は昼食後にライターと打ち合わせがあるので、無駄に過ごす時間はないんです。
男性：わかりました。E メールを送って何人来られるか確認します。

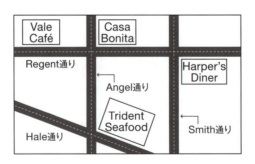

［語注］
□ illustrator イラストレーター、挿絵画家　□ chief editor 編集長
□ make a reservation 予約をする
□ wait around ぶらぶらして待つ、何もせずに時間を過ごす　□ send out ~ ~を送付する

解説

[選択肢の訳]

65. 話し手たちはどこで働いていると考えられますか。

(A) 出版会社　**正解**
(B) ホテル
(C) 画廊
(D) 自動車整備工場

> 男性は冒頭の発言で、「新しいイラストレーターを、明日の昼食にどこへ連れて行きましょうか」と女性に尋ねている。男性は続けて「編集長がそのランチ代は会社が支払ってくれると言っていた」と言い、女性も最後の発言で「私は昼食後にライターと打ち合わせがある」と述べているため、話し手たちは出版に関する会社で働いていると考えられる。よって、(A) が正解。

[語注]

□ publishing 出版業

[選択肢の訳]

66. 図を見てください。話し手たちはどのレストランで食事をすると考えられますか。

(A) Vale Café
(B) Casa Bonita
(C) Harper's Diner　**正解**
(D) Trident Seafood

> 明日の昼食の店として、女性は最初の発言で「シーフードが食べたい気分です。Hale 通りにある、あの新しい所はどうですか」と提案している。それに対して男性は「ここの何人かがシーフードは好きではない」と述べ、提案を採用せず、「Smith 通りと Regent 通りの角に新しい所があって、そこは良かったと耳にした」と代案を挙げている。そこで、地図上で「Smith 通りと Regent 通りの角」を確認すると、Harper's Diner が見つかる。よって、(C) が正解。

[選択肢の訳]

67. 男性は何をすると言っていますか。

(A) レビューを書く
(B) 昼食代を支払う
(C) 説明書を読む
(D) 同僚に連絡する　　正解

> 男性は最後の発言で「Eメールを送って何人来られるか確認します」と述べている。新しいイラストレーターを連れて行く昼食に参加するのは、会社の同僚だと考えられるので、(D) が正解。send out an e-mail「Eメールを送る」が、選択肢では contact「～に連絡する」に言い換えられている。

[語注]
- instructions 使用説明書
- colleague 同僚

🔖 スクリプト　　　　　　　　　　　　　　　　　　　🔊 43

Questions 68 through 70 refer to the following conversation and graph.

W: I'd like to talk about our sales for the last year. This graph only shows our two main products — tractors and harvesters. Sales of sprayers and mowers didn't fluctuate much. As you can see, sales were pretty good, especially in the second quarter.
M: But they dipped right when we released the new model.
W: Right. I think that was because of our poor marketing. The new designs made some people uncomfortable, and sales didn't pick up until the positive reviews started coming in.
M: I think we should consider switching to a new advertising firm before the next release.

🔖 スクリプトの訳

問題68-70は次の会話とグラフに関するものです。
女性：昨年の私たちの売上について話したいと思います。このグラフは、私たちの主要な2つの製品であるトラクターと収穫機だけを示しています。噴霧器と芝刈り機の売り上げはそれほど変動しなかったので。ご覧の通り、特に第2四半期は、売上はかなり良いものでした。
男性：でも、ちょうど新しいモデルを発売したときに、売上は落ち込みましたね。
女性：そうなんです。不十分なマーケティングが原因だと私は考えています。新しいデザインで落ち着かないと感じた人もいて、肯定的なレビューが出てくるまで売上は上向かなかったんです。
男性：次のリリースの前に、新しい広告会社に切り替えることを検討すべきだと私は考えています。

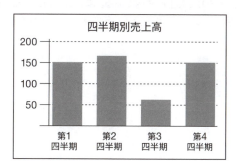

［語注］
☐ main 主要な　☐ tractor トラクター　☐ harvester 収穫機　☐ sprayer 噴霧器
☐ mower 草刈り機　☐ fluctuate 変動する　☐ quarter 四半期　☐ dip 下落する
☐ poor 不十分な、乏しい　☐ uncomfortable 心地よくない、不快な
☐ pick up 上向く、好転する　☐ positive 肯定的な　☐ review レビュー、評価
☐ come in 広まる　☐ switch to ~ ~に切り替える　☐ firm 会社

解説

[選択肢の訳]

68. 話し手たちの会社はどのような種類の製品を製造していますか。

(A) モバイル機器
(B) 乗用車
(C) 農機具　　**正解**
(D) コンピュータ部品

> 女性は最初の発言で「私たちの主要な2つの製品であるトラクターと収穫機」と述べている。また、続けて「噴霧器と草刈り機の売上」にも言及していることから、農業に用いられる機具を製造していると考えられる。よって、(C) が正解。

[語注]

□ passenger 乗客　□ vehicle 乗り物　□ equipment 機器

[選択肢の訳]

69. 図を見てください。新しいモデルはいつ発売されたと考えられますか。

(A) 第1四半期
(B) 第2四半期
(C) 第3四半期　　**正解**
(D) 第4四半期

> 女性は最初の発言で「ご覧の通り、特に第2四半期は、売上はかなり良いものでした」と言っている。それに対し男性は「でも、ちょうど新しいモデルを発売したときに、売上は落ち込みましたね」と述べている。よって、売上は、第2四半期は好調だったが、第3四半期に新しいモデルを投入し落ち込んだと判断できるため、(C) が正解。

［選択肢の訳］
70. 男性は何を提案していますか。
(A) 調査を行うこと
(B) 新しい広告会社と契約すること　　正解
(C) デザインを見直すこと
(D) 新しい機能を追加すること

> 男性は最後の発言で「次のリリースの前に、新しい広告会社に切り替えることを検討すべきだと私は考えています」と言っているので、(B) が正解。選択肢では、switch to ～「～に切り替える」が hire「～を雇う（～と契約する）」に、firm「会社」が company「会社」に言い換えられている。

［語注］
- conduct ～を行う
- survey 調査
- review ～を見直す
- add ～を加える
- feature 特徴

🔖 スクリプト　　　　　　　　　　　　　　　　　　　🔊 44

Questions 71 through 73 refer to the following announcement.

Good morning. This is an announcement for passengers on Savage Airlines Flight SA8342. We regret to announce that we cannot yet begin the boarding process. The plane has arrived a little behind schedule, and we need to wait for the cleaners to prepare it for your flight. The late arrival has also made it necessary for us to change the boarding gate. Passengers should report to Gate 19. We will begin boarding in about 10 minutes. The new departure time is 9:30 A.M., one hour after the original departure time of 8:30 A.M. We apologize for the delay.

🔖 スクリプトの訳

問題 71-73 は次のお知らせに関するものです。

おはようございます。こちらは Savage 航空 SA8342 便にご搭乗のお客さまへのお知らせです。大変申し訳ございませんが、ご搭乗手続きはまだ始めることができないことをお知らせいたします。飛行機は予定より少々遅れて到着したので、清掃係が皆さまのフライトのために飛行機の準備をするのを待つ必要がございます。また、到着の遅れにより、搭乗口の変更も必要となりました。ご搭乗のお客さまは 19 番搭乗口までお越しください。およそ 10 分後にご搭乗を開始いたします。新しい出発時刻は、当初の出発時刻午前 8 時 30 分から 1 時間後の午前 9 時 30 分となります。お待たせして申し訳ございません。

［語注］
☐ passenger 乗客　☐ regret to *do* 残念ながら〜する　☐ boarding 搭乗
☐ behind schedule 予定より遅れて　☐ cleaner 清掃係
☐ report to 〜 〜に向かう、〜に出向く　☐ departure 出発
☐ apologize for 〜 〜について謝る

🔖 解説

71. 何が告知されていますか。

　　(A) 変更された到着時刻
　　(B) 返金ポリシー
　　(C) フライトの中止
　　(D) 搭乗手続きの遅れ　　正解

> 話し手は、Savage 航空 SA8342 便に搭乗する人に向けて we cannot yet begin the boarding process「ご搭乗手続きはまだ始めることができない」と伝えているため、搭乗手続きに遅れが出ていることを知らせているとわかる。よって、(D) が正解。

［語注］
　　☐ reschedule 〜の日程を変更する

［選択肢の訳］
72. 乗客は何をするよう求められていますか。
- (A) 案内所に行く
- (B) 別のゲートに行く　**正解**
- (C) 機内持ち込みの荷物の重さを量る
- (D) 航空会社のウェブサイトを訪問する

> 話し手は「到着の遅れにより、搭乗口の変更も必要となった」と伝え、Passengers should report to Gate 19.「ご搭乗のお客さまは 19 番搭乗口までお越しください」と知らせている。よって、乗客は当初の搭乗口とは別の搭乗口に行くよう求められているとわかるので、(B) が正解。選択肢では、report to ～が proceed to ～に、Gate 19 が a different gate に言い換えられている。report には「出向く、出頭する」という意味がある。

［語注］
- □ proceed to ～　～へ進む　□ weigh ～の重さを量る　□ carry-on 機内に持ち込める
- □ luggage 荷物

［選択肢の訳］
73. 便はいつ出発する予定ですか。
- (A) 午前 8 時
- (B) 午前 8 時 30 分
- (C) 午前 9 時
- (D) 午前 9 時 30 分　**正解**

> 話し手は最後に The new departure time is 9:30 A.M.「新しい出発時刻は午前 9 時 30 分」と伝えているので、(D) が正解。departure time「出発時刻」が、設問文では動詞 depart「出発する」を用いて be schedule to depart「出発する予定である」と言い換えられている。また、(B) の「午前 8 時 30 分」はもともと予定されていた出発時刻なので誤り。

［語注］
- □ be scheduled to *do* ～する予定だ　□ depart 出発する

スクリプト

Questions 74 through 76 refer to the following announcement.

Good afternoon, shoppers. Welcome to Regent Department Store. It's that time of year again! We're excited to announce that this is the first day of our annual clearance sale. Today only, you can get up to 60 percent off select items in our furniture and bedding sections. Both sections are on the fourth floor, and we have a team of friendly salespeople ready to help you find the perfect items for your home. Once again, these discounts are available today only, so don't miss this opportunity.

スクリプトの訳

問題 74-76 は次のお知らせに関するものです。

こんにちは、お買い物中の皆さま。Regent百貨店へようこそ。一年のこの時期が再びやってまいりました！本日は年に一度の在庫一掃セールの初日であるとお伝えすることができ、大変嬉しく思います。本日限り、家具売り場と寝具売り場の厳選された商品から、最大60パーセントの割引を受けることができます。2つの売り場はともに4階にあり、ご自宅に最適な商品を見つけるお手伝いを行う親切な販売員チームも準備しております。繰り返しになりますが、これらの割引は本日に限りご利用可能ですので、この機会をお見逃しなく。

[語注]
- shopper 買い物客　□ annual 年に一度の、年次の
- clearance sale 在庫一掃セール、クリアランスセール　□ up to ～ 最大～まで
- select 厳選された　□ discount 割引　□ available 利用可能な　□ miss ～を逃す

解説

[選択肢の訳]

74. 話し手は在庫一掃セールについて何と言っていますか。

(A) それは毎年開催される。　**正解**
(B) それは延期された。
(C) それは大成功だった。
(D) それは明日終了する。

> 話し手は冒頭で「一年のこの時期が再びやってきた」と言い、this is the first day of our annual clearance sale「本日は年に一度の在庫一掃セールの初日である」と伝えている。したがって、在庫一掃セールは毎年開催されると考えられるため、(A) が正解。annual「年に一度の」が、選択肢では every year「毎年」と言い換えられている。

[語注]
- postpone ～を延期する

[選択肢の訳]

75. どんな商品が割引されていますか。

(A) 衣服
(B) 器具
(C) 家具　　正解
(D) おもちゃ

> 話し手は you can get up to 60 percent off select items in our furniture and bedding sections「家具売り場と寝具売り場の厳選された商品から、最大60パーセントの割引を受けることができる」と伝えているので、家具売り場か寝具売り場で売られているものを選択肢から選ぶ。よって、(C) が正解。get A off B で「B から A を取る」という意味なので、ここでは「B から A を割引する」という意味になる。

[選択肢の訳]

76. お知らせで言及されている割引は、どれくらいの間利用できますか。

(A) 1 日間　　正解
(B) 2 日間
(C) 3 日間
(D) 4 日間

> 話し手は Today only「本日限り」で最大60パーセントの割引が受けられると言い、最後にも重ねて「繰り返しになりますが、これらの割引は本日に限りご利用可能です」と伝えている。よって、割引は本日限り、すなわち1日間だけ行われるとわかるので、(A) が正解。

スクリプト

Questions 77 through 79 refer to the following talk.

As you all know, Dr. Lee is leaving us at the end of the month. She's been with us for thirty years now, and she was central to many of the breakthroughs we've made as a research facility. Her replacement will be Dr. Simmons from our Greenbank laboratory. He's been working alongside Dr. Lee for the past three weeks, and we feel that he is more than ready to take over control of the facility from next month. You may be interested to know that Dr. Simmons recently spoke on the latest advancements in battery technology at a conference in Singapore. A video of that talk is available online, and I encourage you all to watch it.

🎙 スクリプトの訳

問題 77-79 は次の話に関するものです。

皆さまご存じのように、Lee 博士は今月末にお辞めになります。彼女は今や私たちと 30 年間を共にし、研究施設として私たちが成し遂げた飛躍的発展の多くで中心にいました。彼女の後任は、私たち Greenbank 研究所の Simmons 博士です。彼はこの 3 週間、Lee 博士と一緒に職務に当たっており、来月から当施設の管理を引き継ぐ準備が十分に整っていると私たちは感じております。Simmons 博士が最近、シンガポールでの会議でバッテリー技術の最新の進歩についてお話しになったということを知りたい方もいるかもしれません。その講演の動画がオンラインでご覧になれますので、皆さまにご視聴をお勧めいたします。

[語注]
□ central 中心の、主要な、重要な　□ breakthrough 飛躍的な進歩、(研究などでの) 大発見
□ facility 施設　□ replacement 代わりとなる人、後任者　□ laboratory 研究所
□ alongside 〜と一緒に、〜と並んで　□ take over 〜 〜を引き継ぐ　□ latest 最新の
□ advancement 進歩　□ conference 会議　□ available 利用可能な
□ encourage *A* to *do* A に〜するように勧める

解説

[選択肢の訳]

77. 話はどこで行われていると考えられますか。

(A) 病院
(B) 研究施設　**正解**
(C) 歯科医院
(D) コンサルタント会社

> 話し手は Lee 博士が退職することを伝えた後、the breakthroughs we've made as a research facility「研究施設として私たちが成し遂げた飛躍的発展」の中心に Lee 博士がいたと紹介している。また後任の Simmons 博士について、Dr. Simmons from our Greenbank laboratory「私たち Greenbank 研究所の Simmons 博士」と言っているため、(B) が正解。research facility「研究施設」は laboratory「研究所」の言い換え。

[語注]

□ dental 歯の　□ consultancy コンサルタント業務

[選択肢の訳]

78. 来月から Simmons 博士はどのような役割を務めますか。

(A) 研究所助手
(B) 製品デザイナー
(C) 管理責任者　**正解**
(D) 人事部長

> 話し手は、「彼 (Simmons 博士) はこの 3 週間、Lee 博士と一緒に職務に当たっており、来月から当施設の管理を引き継ぐ準備が十分に整っていると私たちは感じております」と述べている。よって、Simmons 博士は退職する Lee 博士から来月、control of the facility「施設の管理」をする権限を引き継ぐとわかる。すなわち「管理責任者」になると判断できるため、(C) が正解。

[語注]

□ human resources 人材、人的資源

[選択肢の訳]

79. 話によると、Simmons 博士は最近何をしましたか。

(A) 論文を発表した
(B) 機器をアップグレードした
(C) アシスタントを雇った
(D) プレゼンテーションを行った　　正解

> 話し手は「Simmons 博士が最近、シンガポールでの会議でバッテリー技術の最新の進歩についてお話しになった」と述べているため、(D) が正解。Simmons 博士が会議でバッテリー技術について説明したことを presentation「プレゼンテーション、発表」と言い換えている。

[語注]

□ publish ~を発表する　□ upgrade ~をアップグレードする、~を向上させる

スクリプト　◀ 47

Questions 80 through 82 refer to the following news report.

You're listening to Rush Hour on Radio 5JL. It's Robert Hadley here with your 8:15 A.M. traffic update. Most of the main highways into the city are still flowing freely. However, you'll experience a minor delay if you're planning on crossing the Jolly Bridge in Alberton. There are simply too many cars on the road. We can expect the situation to worsen over the next 30 minutes. I recommend that you take the Vale Bridge in Norton even though it's a bit farther.

🔖 スクリプトの訳

問題 80-82 は次の報道に関するものです。

今お聴きになっているのはラジオ 5JL の「ラッシュアワー」です。私は Robert Hadley で、皆さまに午前 8 時 15 分の最新交通情報をお届けします。市内への主要な幹線道路の大半は、まだスムーズに流れています。しかし、Alberton の Jolly 橋を渡る予定でしたら、多少の遅れがあるでしょう。単純に、道路上の車の数が多すぎるためです。今後 30 分にわたり、状況は悪化する見込みです。少し遠回りではありますが、Norton の Vale 橋を利用することをお勧めします。

[語注]
☐ traffic 交通（量）　☐ update 最新情報　☐ highway 幹線道路　☐ flow 流れるように動く
☐ freely スムーズに、滞りなく　☐ minor 小さな　☐ delay 遅れ
☐ plan on *doing* ～する予定である　☐ cross ～を渡る　☐ simply 単純に
☐ worsen 悪化する　☐ even though ～ ～ではあるが

🔖 解説

[選択肢の訳]
80. 報道はいつされていますか。

(A) 午前中　**正解**
(B) 正午
(C) 午後
(D) 夕方

> 話し手は 2 文目で It's Robert Hadley here with your 8:15 A.M. traffic update.「私は Robert Hadley で、皆さまに午前 8 時 15 分の最新交通情報をお届けします」と言っているため、このラジオは午前中に放送されているとわかる。よって、(A) が正解。

237

[選択肢の訳]

81. 何が Jolly 橋の近くで交通の遅れを引き起こしていますか。

(A) 建設作業
(B) 立ち往生したトラック
(C) 交通渋滞　正解
(D) 信号機の故障

> 話し手は「Alberton の Jolly 橋を渡る予定でしたら、多少の遅れがあるでしょう」と交通の遅れについて伝えている。続けて、There are simply too many cars on the road.「単純に、道路上の車の数が多すぎるためです」とその理由を述べている。車が多すぎるということは、「交通渋滞」が生じていることを意味するため、(C) が正解。

[語注]
□ construction 建設　□ stalled 立ち往生した　□ congestion 渋滞
□ malfunction うまく機能しない　□ traffic signal 信号機

[選択肢の訳]

82. 話し手は何を勧めていますか。

(A) 家を早めに出ること
(B) 公共交通機関を利用すること
(C) 別のルートを選ぶこと　正解
(D) 最新情報に耳を傾けること

> 話し手は、Jolly 橋を渡るルートだと渋滞があると伝え、I recommend that you take the Vale Bridge in Norton even though it's a bit farther.「少し遠回りではありますが、Norton の Vale 橋を利用することをお勧めします」と言っている。よって、Jolly 橋ではなく Vale 橋を使うという別のルートを勧めているとわかるので、(C) が正解。

[語注]
□ public transportation 公共交通機関

スクリプト　　　　　　　　　　　　　　　　◀ 48

Questions 83 through 85 refer to the following talk.

Welcome to the Gregory Museum of Art. My name is Jo Wilson, and I'll be your guide this afternoon. Let's take a moment here to appreciate the magnificent lobby of this historic building. A three-year renovation project was completed just last month. They restored all of the stonework and the ornate ceiling moldings, following the original designs from 100 years ago. The grand opening was attended by numerous celebrities, including Marcus Whitby and Coleen Saxon. If you're feeling hungry after the tour, I recommend dining at the gallery café to my right. The new menu has already been nominated for the Harrisburg Restaurant Awards.

スクリプトの訳

問題 83-85 は次の話に関するものです。

Gregory 美術館にようこそ。私の名前は Jo Wilson と言いまして、今日の午後皆さまのガイドを務めます。少しこちらで時間をとって、この歴史的建物の壮大なロビーを鑑賞しましょう。3 年間の修復プロジェクトが先月完了したばかりなんです。100 年前の元々のデザインを踏襲して、石細工と豪華な廻り縁が全体的に修復されました。グランドオープニングには Marcus Whitby や Coleen Saxon を含む、数々の著名人が出席しました。ツアーの後にお腹が空いているようであれば、私の右側の美術館のカフェで食事をなさることをお勧めします。そのカフェの新メニューはすでに Harrisburg レストラン賞にノミネートされているんですよ。

[語注]
- appreciate ～を鑑賞する　□ magnificent 壮大な　□ historic 歴史的な
- renovation 修復、改築　□ complete ～を完了する　□ restore ～を修復する
- stonework 石細工　□ ornate 豪華な　□ molding 廻り縁 (壁と天井の間に設ける縁)
- numerous 数々の　□ celebrity 著名人、有名人　□ dine 食事をする
- nominate A for B A を B に推薦する　□ award 賞

解説

[選択肢の訳]
83. 話の主な目的は何ですか。

(A) 芸術作品を描写すること
(B) 会員プログラムを発表すること
(C) 建物の修復を説明すること　**正解**
(D) 土産物店を勧めること

> 話し手は、冒頭で美術館のガイドであると自己紹介し、聞き手をロビーに案内している。そして「3年間の修復プロジェクトが先月完了したばかり」であると述べ、続けて「100年前の元々のデザインを踏襲して、石細工と豪華な廻り縁が全体的に修復されました」とその修復内容を具体的に説明している。よって、(C) が正解。

[語注]
□ artwork 芸術作品

[選択肢の訳]
84. 話し手は最近のどのようなイベントについて述べていますか。

(A) 美術展
(B) グランドオープニング　**正解**
(C) チャリティーオークション
(D) 周年祭

> 話し手は「3年間の修復プロジェクトが先月完了したばかりだ」と述べている。その後、「グランドオープニングには Marcus Whitby や Coleen Saxon を含む、数々の著名人が出席しました」と言っている。したがって、先月に完了したばかりの修復プロジェクトを祝うグランドオープニングは、この1カ月の間に行われたと考えられるため、「最近のイベント」だと言える。よって、(B) が正解。

[語注]
□ exhibition 展示会　□ anniversary 記念祭、毎年の記念日　□ celebration 祝賀会

［選択肢の訳］
85. 話し手は何を提案していますか。
    (A) 芸術家について学ぶこと
    (B) お土産を買うこと
    (C) 動画を見ること
    (D) カフェで食事をすること　　正解

話し手は、If you're feeling hungry after the tour, I recommend dining at the gallery café to my right.「ツアーの後にお腹が空いているようであれば、私の右側の美術館のカフェで食事をなさることをお勧めします」と提案している。よって、(D) が正解。設問文では recommend「〜を勧める」が suggest「〜を提案する」に、選択肢では dine「食事する」が eat に言い換えられている。

🎙 スクリプト　　　　　　　　　　　　　　　🔊 49

Questions 86 through 88 refer to the following telephone message.

Hi. My name is Vince Foreman. I'd like to apply for the position of delivery driver listed on your Web site. There seems to be something wrong with the online application form. I've filled out the form and clicked the submit button several times, but nothing happens. The deadline is today, so I hope you can resolve this soon. I'll try again in a couple of hours. If you can't get the submit function to work, perhaps you could provide an e-mail address for me to send my application to.

🎙 スクリプトの訳

問題 86-88 は次の電話のメッセージに関するものです。

こんにちは。私の名前は Vince Foreman です。御社のウェブサイトに掲載されている配達ドライバーの職に応募したいと思っています。オンラインの申し込みフォームの調子が悪いようです。フォームに記入して提出ボタンを何度か押してみましたが、何も起こらないのです。締め切りは本日までですので、この問題をすぐに解決していただけたらと思っております。数時間後にまた試してみます。もしこの提出機能を動作させられないということでしたら、私が応募できる E メールアドレスを教えていただけますか。

［語注］
☐ apply for ~　~に申し込む　☐ delivery 配達　☐ application 申し込み
☐ form 用紙、（オンラインの）フォーム　☐ fill out ~　~に記入する
☐ deadline 締め切り　☐ resolve ~を解決する　☐ function 機能
☐ provide ~を提供する

解説

[選択肢の訳]

86. 話し手は誰だと考えられますか。
- (A) 最近の新入社員
- (B) 求職者　正解
- (C) 部門マネージャー
- (D) 販売員

> 話し手は、I'd like to apply for the position of delivery driver listed on your Web site.「御社のウェブサイトに掲載されている配達ドライバーの職に応募したいと思っています」と伝えている。よって、(B) が正解。選択肢では、apply「申し込む」という動詞が applicant「申込者」という名詞に、position が job に言い換えられている。

[語注]
- □ recruit 新入社員
- □ applicant 申込者

[選択肢の訳]

87. 電話の目的は何ですか。
- (A) 問題を報告すること　正解
- (B) 感謝を示すこと
- (C) 改善を提案すること
- (D) 助言をすること

> 話し手は、ウェブサイト上の求人に応募しようとしていることを伝え、「オンラインの申し込みフォームの調子が悪いようです」と問題を報告している。続けて「フォームに記入して提出ボタンを何度か押してみましたが、何も起こらないのです」とその問題を具体的に説明している。よって、(A) が正解。something wrong「何かおかしいこと」が、選択肢では a problem と言い換えられている。

[語注]
- □ improvement 改善

[選択肢の訳]
88. 話し手はなぜ "The deadline is today" と言っていますか。
(A) 状況の緊急性を強調するため　　正解
(B) 驚きを説明するため
(C) 追加の時間を要求するため
(D) 同僚にリマインダーを送るため

> 話し手は、ウェブサイトに掲載の職に応募したいと思っているが、フォームに問題があり、応募できていないという状況を伝えている。そして続けて下線部の発言をしているので、今日このフォームの問題が解決されないと、期限内に望んでいる職への申し込みができないという差し迫った状況を伝えるために The deadline is today「締め切りは本日までです」と言っていると考えられる。よって、(A) が正解。

[語注]
□ highlight ～を強調する　□ urgency 緊急性、差し迫ったこと　□ additional 追加の
□ reminder リマインダー、思い出させるもの

🔖 スクリプト　　　◀ 50

Questions 89 through 91 refer to the following excerpt from a speech.

It's my great honor to announce the final award of the evening. This is the most prestigious accolade that the city of Adelaide has to offer. It is the Adelaide Lifetime Achievement Award. This year, the other members of the city council and I have decided to award it to Madeline Wilde for her transformative impact on education. Madeline championed innovative teaching methods and founded scholarships that have empowered countless students across Adelaide to achieve their dreams. Please give Madeline a big round of applause to welcome her on stage. <u>Where are you, Madeline</u>?

🔖 スクリプトの訳

問題 89-91 は次のスピーチの抜粋に関するものです。

今夜の最後となる賞を発表でき大変光栄です。これは Adelaide 市が授与する最も権威のある賞です。それは、Adelaide 生涯功績賞。今年、他の市議会委員と私は、教育に変化をもたらす影響を与えたことに対して、この賞を Madeline Wilde さんに授与することに決定しました。Madeline さんは、革新的な教育法を支持し、Adelaide 中の数え切れない学生に夢を実現する力を与える奨学基金を設立しました。Madeline さんに盛大な拍手をして、彼女をステージに迎えましょう。<u>Madeline さん、どちらにいらっしゃいますか。</u>

[語注]
- honor 名誉　□ award 賞　□ prestigious 権威のある　□ accolade 賞
- lifetime 生涯　□ achievement 業績　□ city council 市議会
- transformative 変化させる力がある　□ champion ～を支持する
- innovative 革新的な　□ found ～を設立する　□ scholarship 奨学金
- empower *A* to *do* A に～する力を与える　□ countless 数え切れない（ほどたくさんの）
- a round of applause 拍手喝采

解説

[選択肢の訳]

89. スピーチはどこで行われていますか。

(A) 授賞式　正解
(B) 落成式
(C) 専門家会議
(D) 製品発表会

> 話し手は、冒頭で It's my great honor to announce the final award of the evening.「今夜の最後となる賞を発表でき大変光栄です」と言っているため、賞をいくつか授与している場面だとわかる。よって、(A) が正解。

[語注]

□ professional 専門家の　□ launch 新製品の売り出し

[選択肢の訳]

90. Wilde さんの専門分野は何ですか。

(A) 工学
(B) ファッション
(C) 教育　正解
(D) 財務

> 話し手は、Wilde さんに賞を与えることを発表し、その理由として for her transformative impact on education「教育に変化をもたらす影響を与えたことに対して」と述べている。続けて、「Madeline さんは、革新的な教育法を支持し、Adelaide 中の数え切れない学生に夢を実現する力を与える奨学基金を設立しました」と具体的な功績を紹介している。よって、「教育」に関わる分野が Wilde さんの専門だと考えられるため、(C) が正解。

[選択肢の訳]
91. 話し手はなぜ "Where are you, Madeline" と言っていますか。
(A) 彼は Madeline さんに何かを持って行く必要がある。
(B) 彼は Madeline さんに前に出てきてほしい。　正解
(C) 彼は配達時間を計算する。
(D) 彼は観客がよく見えない。

> 話し手は、Madeline さんに賞を授与することを発表し、「Madeline さんに盛大な拍手をして、彼女をステージに迎えましょう」と呼びかけている。したがって、下線部の発言は、観客席にいる Madeline さんにステージに来ることを促すためのものだと判断できる。よって、(B) が正解。

[語注]
- come forward（後方から）進み出る、人前に出る　□ work out ～ ～を計算する
- audience 観客

🎙 スクリプト　　　　　　　　　　　　　　　🔊 51

Questions 92 through 94 refer to the following telephone message.

Hi, Jake. It's Helen. I'm sorting through all the applications we have for the accountant position. One of the most promising applicants has failed to include a list of character references. Ordinarily, I'd disregard the application completely, but <u>she's working at Vandelay Banking Group</u>. They have a very strict hiring process, and their in-house training is excellent. Do you think I should bother contacting her to ask about the references?

🎙 スクリプトの訳

問題 92-94 は次の電話のメッセージに関するものです。

こんにちは、Jake。Helen です。会計士のポジションの応募をすべて仕分けています。最も見込みのある応募者の 1 人が、人物照会先のリストを同封していないんです。通常、この応募は完全に無視することになるのですが、<u>彼女が Vandelay 銀行グループで働いているんですよ</u>。彼らは非常に厳格な採用プロセスを取っていて、社内研修が素晴らしいんです。わざわざ彼女に連絡を取って、照会先について尋ねたほうがいいと思いますか。

[語注]
□ sort through ～ ～を仕分ける　□ application 申し込み
□ accountant 会計係、会計士　□ promising 有望な　□ fail to *do* ～し損なう
□ include ～を同封する　□ character 人物　□ reference 照会先
□ ordinarily 通常、普通は　□ disregard ～を無視する　□ strict 厳格な
□ in-house 社内の　□ excellent 素晴らしい、非常に優れた
□ bother *doing* わざわざ～する

🎙 解説

[選択肢の訳]

92. 話し手はなぜ Jake に電話していますか。

(A) 広告についてコメントするため
(B) 従業員候補者を紹介するため
(C) 金融機関を推薦するため
(D) 職の応募について話し合うため　　**正解**

> 話し手が 3 文目で「会計士のポジションの応募をすべて仕分けています」と伝えていることから、採用についての話をするための電話だとわかる。その後も応募者の 1 人についての相談が続いているので、(D) が正解。

[語注]
　　□ potential 可能性のある　□ institution 機関

[選択肢の訳]
93. 話し手は書類について何と言っていますか。
(A) それは記入するには長すぎる。
(B) それは不完全だった。　正解
(C) それは今日が期限である。
(D) それは間違った住所に送られた。

> 話し手は、「最も見込みのある応募者の1人が、人物照会先のリストを同封していないんです」と言っている。この発言から、必要書類の1つとして人物照会先のリストがあるが、それが同封されておらず書類は「不完全だった」ということがわかるため、(B) が正解。なお、paperwork は、1つの書類ではなく、必要とされる書類一式を意味する。

[語注]
☐ paperwork 書類　☐ incomplete 不完全な　☐ due 期限のきた

[選択肢の訳]
94. "she's working at Vandelay Banking Group" という発言で、話し手は何を示唆していますか。
(A) 女性は転職に関心がないかもしれない。
(B) 女性は連絡が取りづらいかもしれない。
(C) 女性は聞き手に知られているはずである。
(D) 女性は十分な資格があるに違いない。　正解

> 話し手は、応募者の書類に不備があったことに対して「通常、この応募は完全に無視することになる」と述べた後に、下線部の発言をしている。そこで、不採用にすべきではない理由として「Vandelay 銀行グループで働いている」と言っているとわかる。そして続けて「彼らは非常に厳格な採用プロセスを取っていて、社内研修が素晴らしい」と述べていることから、この応募者は十分な資格があると考えられるので書類不備で落とすべきではないと言っていると判断できるため、(D) が正解。

[語注]
☐ be known to ～ ～に知られている　☐ highly 非常に　☐ qualified 資格のある

スクリプト

Questions 95 through 97 refer to the following excerpt from a workshop and list.

I hope you're all enjoying this Saturday morning gardening workshop. If this is your first time, we hope you'll come back again. The workshops are free for customers of Greenway Garden Center. They're held every Saturday, and no bookings or purchases are necessary. Today, we're going to look at how to plant and care for these four popular residential garden plants. This one I'm holding up is particularly hardy, and it's a bargain at just $34. They can be grown in a pot, but most people choose to plant them in the ground.

スクリプトの訳

問題 95-97 は次のワークショップの抜粋とリストに関するものです。

皆さまがこの土曜の朝のガーデニングワークショップを楽しんでくださっていたらいいなと思っています。もし今回が初めてでしたら、またご参加いただけると嬉しいです。Greenway ガーデンセンターのお客さまは、ワークショップが無料です。ワークショップは毎週土曜日に開かれ、いかなる予約も購入も必要ありません。本日は、人気のあるこれら 4 つの住宅庭園用植物をどのように植えて世話をするかについて見ていきます。私が今手に取っているこちらの植物は特に耐寒性が高く、わずか 34 ドルというお買い得品です。この植物はポットで栽培することができますが、たいていの方が土に植えることを選んでいます。

Coastal Banksia	47 ドル
Frangipani	34 ドル
Lomandra	24 ドル
Angular Pigface	17 ドル

[語注]
☐ booking 予約　☐ purchase 購入　☐ plant 〜を植える　☐ care for 〜 〜の世話をする
☐ residential 住宅の　☐ particularly 特に　☐ hardy（植物などが）耐寒性の、越冬性の
☐ bargain お買い得品　☐ ground 土

解説

[選択肢の訳]

95. ワークショップは誰を対象にしていますか。

(A) 営業担当者
(B) 農学部の学生
(C) 店の顧客　　正解
(D) 景観設計者

> 話し手は、The workshops are free for customers of Greenway Garden Center.「Greenway ガーデンセンターのお客さまは、ワークショップが無料です」と述べているため、Greenway ガーデンセンターに来店した顧客を対象としたワークショップであると考えられる。よって、(C) が正解。

[語注]
□ representative 販売員、担当者　□ agriculture 農業　□ landscape 景観

[選択肢の訳]

96. ワークショップについて何が述べられていますか。

(A) それは毎週行われるイベントである。　　正解
(B) それはオンラインで参加できる。
(C) チケットは1週間前に入手可能である。
(D) 予約が取りづらい。

> 話し手は、ワークショップについての説明として They're held every Saturday「それらは毎週土曜日に開かれ」と述べている。They は前の発言中の The workshops「(Greenway ガーデンセンターの) ワークショップ」を指しているので、このワークショップは毎週開かれているとわかる。よって、(A) が正解。

[語注]
□ weekly 週に一度の　□ attend 〜に参加する　□ available 入手可能な
□ in advance 事前に

[選択肢の訳]

97. 図を見てください。話し手はどの植物を手にしていると考えられますか。

(A) Coastal Banksia
(B) Frangipani　正解
(C) Lomandra
(D) Angular Pigface

話し手は、This one I'm holding up is particularly hardy, and it's a bargain at just $34.「私が今手に取っているこちらの植物は特に耐寒性が高く、わずか34ドルというお買い得品です」と言っている。この one は、前の発言の plant「植物」を受けていることに注意。そこで、34ドルの植物をリストの中から探すと、Frangipani のことを指しているとわかる。よって、(B) が正解。

🔊 スクリプト

▶ 53

Questions 98 through 100 refer to the following advertisement and membership card.

If you're looking to save money on the maintenance costs of your car while ensuring that you get the best possible service, you need to come to Hartley Tire And Mechanical. We're super convenient with 12 great locations around Lawnton City. What's more, we're open until 6:30 every evening so that you don't need to take time off work to pick up your vehicle. Become a member and take advantage of the amazing benefits! Membership has four levels: Green, Blue, Silver, and Gold. Please note that the members' card will expire in one year. Check the expiration date on the card.

🔊 スクリプトの訳

問題 98-100 は次の広告と会員カードに関するものです。

もし、最良のサービスを確実に受けながらお車のメンテナンス費用を節約したいとお考えでしたら、Hartley タイヤ整備までお越しください。私たちは Lawnton 市周辺に最高の立地の 12 店舗があり、極めて便利です。その上、お車を引き取るために仕事中の時間を取る必要がないように、毎日夕方 6 時 30 分まで営業しています。会員になって、素晴らしい特典をご利用ください！ 会員ランクにはグリーン、ブルー、シルバー、ゴールドの 4 つがあります。会員カードは 1 年で期限が切れますのでご注意ください。カードに書かれた有効期限を確認してください。

```
     Hartley タイヤ整備
       メンバーズカード
   ||||||||||||||||||||||||
カード所有者：Tony Day
会員ランク：グリーン
有効期限：10 月 21 日
       Lawnton 中央店
```

[語注]
- maintenance メンテナンス、維持　□ ensure 〜を確実にする　□ super 非常に
- convenient 便利な　□ location 場所　□ take time off work 仕事を休んで時間を取る
- pick up 〜 〜を引き取る　□ take advantage of 〜 〜を利用する
- benefit 特典、利益　□ note that 〜 〜ということに注意する
- expire 有効期限が切れる　□ expiration 満了、満期

解説

[選択肢の訳]

98. Hartley タイヤ整備について何が述べられていますか。

(A) それは複数の店舗がある。　正解
(B) それは中古の車両を販売している。
(C) それは無料のシャトルバスを運行している。
(D) それは商業車を専門にしている。

> 話し手は with 12 great locations around Lawnton City と言っているが、この with は「所有」を表しており、「私たちは Lawnton 市周辺に最高の立地の 12 店舗を持っている」という意味なので、(A) が正解。この location は「（営業）活動場所」という意味で、ここでは店舗を意味する。店舗の数を表す 12 という具体的な数字が、選択肢では抽象的に multiple「複数の」と言い換えられている。

[語注]

□ multiple 複数の　□ used 中古の　□ operate ～を動かす、～を運営する
□ specialize in ～ ～を専門とする　□ commercial 商業の

[選択肢の訳]

99. お店は何時に閉店しますか。

(A) 午後 5 時
(B) 午後 5 時 30 分
(C) 午後 6 時
(D) 午後 6 時 30 分　正解

> 話し手は、we're open until 6:30 every evening「毎日夕方 6 時 30 分まで営業している」と言っている。よって、(D) が正解。「当店」や「我が社」を意味する we が、設問文では the business に言い換えられている。

[選択肢の訳]

100. 図を見てください。カードの所有者はカードのどの情報を確認すべきだと、話し手は言っていますか。

(A) Tony Day
(B) グリーン
(C) 10 月 21 日　正解
(D) Lawnton 中央店

> 話し手は後半で会員制度について話をしており、会員カードは 1 年で期限が切れると説明している。その後、話し手は「カードに書かれた有効期限を確認してください」と伝えているので、カードの所有者に確認するように言っているのは「有効期限」である。よって、有効期限の欄に書かれた (C) October 21 が正解。

Practice 2
模試 2

問題

32. Where does the man most likely work?

   (A) At a beauty salon
   (B) At a movie theater
   (C) In a restaurant
   (D) At a clinic

33. What does the woman plan to do today?

   (A) Attend an awards ceremony
   (B) See a movie
   (C) Attend a wedding
   (D) Celebrate a product launch

34. What does the man recommend?

   (A) Using a new product
   (B) Reading some instructions
   (C) Making an appointment
   (D) Keeping a receipt

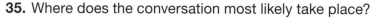

35. Where does the conversation most likely take place?

(A) On a bus
(B) At a taxi stand
(C) On a train
(D) At an airport

36. What does the woman mean when she says, "It has to be the one in South Hamilton"?

(A) The man's suggestion cannot solve the problem.
(B) She strongly agrees with the man's idea.
(C) She wants the man to give her some help.
(D) South Hamilton is popular with visitors.

37. Why is the woman going to the bank?

(A) To open an account
(B) To interview for a job
(C) To withdraw some money
(D) To sign some papers

◀ 56

38. What are the speakers discussing?

    (A) A hotel booking
    (B) A canceled flight
    (C) Menu options
    (D) Ticket prices

39. What do the speakers plan to do tomorrow?

    (A) Discuss a book promotion
    (B) Conduct a factory inspection
    (C) Drive to an airport
    (D) Attend a conference

40. What will the man probably do next?

    (A) Pack his suitcase
    (B) Ask for a refund
    (C) Have something to eat
    (D) Make a reservation

41. Who is Mr. Gilmore?

    (A) A hiring manager
    (B) A delivery driver
    (C) A personal assistant
    (D) A consultant

42. Where did Mr. Gilmore go?

    (A) To a café
    (B) To a kitchen
    (C) To a meeting room
    (D) To a parking garage

43. Why is the woman looking for Mr. Gilmore?

    (A) To request his opinion
    (B) To wish him well on a trip
    (C) To ask about his schedule
    (D) To thank him for a recommendation

44. What are the speakers discussing?

    (A) Moving to a new office
    (B) Hiring new employees
    (C) Entertaining a client
    (D) Buying furniture

45. Why is the man concerned?

    (A) Some furniture will not be ready.
    (B) A device is malfunctioning.
    (C) Travel time will be longer.
    (D) A client is late.

46. What did Ms. Clark do?

    (A) She spoke to a real estate agent.
    (B) She scheduled a meeting.
    (C) She extended a deadline.
    (D) She called a supplier.

47. Why is the woman concerned?

    (A) Her mobile phone battery is flat.
    (B) She will be late for her train.
    (C) Her job application was rejected.
    (D) She cannot find her proof of purchase.

48. Who does the woman say she will contact?

    (A) A staffing agency
    (B) A sales clerk
    (C) A company accountant
    (D) A taxi service

49. What does the man say he did last month?

    (A) Travelled on business
    (B) Purchased travel insurance
    (C) Transferred to another branch
    (D) Accepted an award

50. What are the speakers discussing?

- (A) A newspaper article
- (B) A competition venue
- (C) A new product
- (D) A meeting agenda

51. Why have the women not met for a long time?

- (A) One attended a training event.
- (B) One was transferred to another office.
- (C) They have been on vacation.
- (D) They rarely attend conventions.

52. What does the man say about his company?

- (A) It will spread to new areas.
- (B) It will diversify its product offerings.
- (C) It will raise its advertising spending.
- (D) It will relocate to Galveston.

◀ 61

53. Why is the woman calling?

   (A) To register for a book signing
   (B) To join a club
   (C) To rent an event space
   (D) To locate a book

54. According to the woman, what will happen on Wednesday evening?

   (A) A club will meet.
   (B) A book will be released.
   (C) A performance will be given.
   (D) An advertisement will be broadcast.

55. Why does the man say, "it's been out for a few months"?

   (A) To recommend that the woman check the new releases
   (B) To warn that a book may not be in print anymore
   (C) To explain why some stores are selling a book at a discount
   (D) To point out that some used copies may be available

56. What is the conversation mostly about?

   (A) Opening a new location
   (B) Writing an employee manual
   (C) Reducing running costs
   (D) Hiring additional staff members

57. What department does Mr. George work in?

   (A) Shipping
   (B) Human resources
   (C) Administration
   (D) Sales

58. What does the woman ask the men to do?

   (A) Make an announcement
   (B) Attend a training session
   (C) Conduct a survey
   (D) Share a document

59. What are the speakers discussing?

   (A) Scheduling an online meeting
   (B) Updating a product design
   (C) Some decorating plans
   (D) Choosing some inventory software

60. What will the man do this afternoon?

   (A) Attend an opening ceremony
   (B) Evaluate candidates for a position
   (C) Receive a product sample
   (D) Run a training session

61. What does the woman offer to do?

   (A) Reserve a room
   (B) Tidy her desk
   (C) Set up some appointments
   (D) Attend a birthday celebration

Charmody	$320
Silvian	$300
Lennon's	$280
Xanadu	$260

62. In what industry do the speakers most likely work?

 (A) Entertainment
 (B) Restaurant
 (C) Finance
 (D) Manufacturing

63. Look at the graphic. Which hotel will the man most likely stay at?

 (A) Charmody
 (B) Silvian
 (C) Lennons
 (D) Xanadu

64. What does the woman ask about?

 (A) A traveling companion
 (B) A transportation preference
 (C) Luggage requirements
 (D) Travel dates

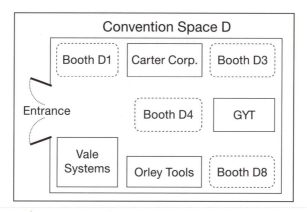

65. What does the man say about the woman?

(A) She was on a waiting list for a booth.
(B) She asked for a discount on booth rental.
(C) She will make a presentation at the conference.
(D) She has inspected Convention Space D.

66. Look at the graphic. Which booth is the woman's company most likely to rent?

(A) Booth D1
(B) Booth D3
(C) Booth D4
(D) Booth D8

67. What are booth operators asked to limit?

(A) Power consumption
(B) Internet usage
(C) Visitor numbers
(D) Noise levels

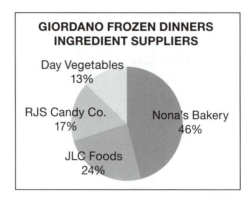

68. When does the conversation take place?

   (A) In the morning
   (B) At noon
   (C) In the afternoon
   (D) In the evening

69. Look at the graphic. Which supplier does the man suggest replacing?

   (A) Nona's Bakery
   (B) JLC Foods
   (C) RJS Candy Co.
   (D) Day Vegetables

70. What is the man asked to do?

   (A) Request a discount
   (B) Gather information
   (C) Create a team
   (D) Place an advertisement

71. What is the main topic of the report?

    (A) Weather
    (B) Business news
    (C) Sporting events
    (D) Traffic

72. What does the speaker say about the food festival?

    (A) It will be expensive to host.
    (B) It will begin tomorrow.
    (C) It will attract international visitors.
    (D) It is sponsored by the radio station.

73. When is the next report?

    (A) In five minutes
    (B) In ten minutes
    (C) In fifteen minutes
    (D) In thirty minutes

◀ 68

74. Where does the announcement take place?

    (A) At a press conference
    (B) At a fun run
    (C) At a company picnic
    (D) At a job fair

75. Why is the speaker making the announcement?

    (A) A performance is about to begin.
    (B) Some refreshments are available.
    (C) A performer has been delayed.
    (D) Some special guests have arrived.

76. Why does the speaker say, "it won't require any musical skills"?

    (A) To express surprise
    (B) To correct a mistake
    (C) To criticize a decision
    (D) To provide reassurance

77. What items does the company provide maintenance for?

(A) Motor vehicles
(B) Pool filters
(C) Cleaning products
(D) Garden tools

78. What will the company do in December?

(A) Provide a new service
(B) Open a new location
(C) Extend its operating hours
(D) Offer customers a discount

79. When is the company closed?

(A) On Mondays
(B) On Tuesdays
(C) On Wednesdays
(D) On Thursdays

80. What type of business does the speaker work for?

    (A) An employment agency
    (B) A fashion design company
    (C) A furniture factory
    (D) A software development firm

81. Why is the speaker calling?

    (A) To announce a rule change
    (B) To recommend a colleague
    (C) To set up an interview
    (D) To express gratitude

82. When is the listener invited to come?

    (A) On Monday
    (B) On Thursday
    (C) On Friday
    (D) On Saturday

83. What is the purpose of the speech?

  (A) To introduce a new employee
  (B) To explain a production process
  (C) To discuss a sales strategy
  (D) To present an award

84. How long will the event last?

  (A) For one day
  (B) For two days
  (C) For three days
  (D) For four days

85. What will Ms. Leopoldo do during the event?

  (A) Hand out product samples
  (B) Guide some visitors
  (C) Hold a workshop
  (D) Demonstrate a new device

◀ 72

86. What is the speaker calling about?

   (A) A problem with her home plumbing
   (B) A ticket for a musical concert
   (C) A fault in her car's brakes
   (D) A problem with her Internet connection

87. According to the message, what is the speaker's job?

   (A) She is a wedding organizer.
   (B) She narrates television shows.
   (C) She installs computer networks.
   (D) She edits a magazine.

88. Why does the speaker say, "I'll have my phone with me"?

   (A) To suggest a communication method
   (B) To explain how she will provide a photograph
   (C) To indicate that she will not be bored
   (D) To comfort a nervous coworker

89. Where does the talk most likely occur?

    (A) At a banquet
    (B) At a conference
    (C) At a performance review
    (D) At a training workshop

90. Who does Mr. Burton work for?

    (A) An online store
    (B) A travel agency
    (C) A sporting team
    (D) An engineering firm

91. What does the speaker mean when he says, "it goes to Jack Burton"?

    (A) Mr. Burton will become the company's new leader.
    (B) Mr. Burton has been recognized by the company.
    (C) Mr. Burton's office will be included in a tour.
    (D) Mr. Burton is responsible for certain documents.

◀ 74

92. Where does the talk most likely take place?

   (A) At a laundry
   (B) At a shipping station
   (C) At a pharmacy
   (D) At a chemical plant

93. According to the talk, what is not permitted on the tour?

   (A) Taking photographs
   (B) Touching objects
   (C) Bringing food and drinks
   (D) Using mobile devices

94. What will the listeners most likely do next?

   (A) Go to the cafeteria
   (B) Board a bus
   (C) Speak with a worker
   (D) Observe an experiment

10:00 A.M.	Tim Leslie
11:00 A.M.	Margo Simpson
1:00 P.M.	Abao Chang
2:00 P.M.	Victoria Hammond

95. In what department does the speaker work?

(A) Customer support
(B) Planning
(C) Accounting
(D) Research and development

96. Why will the speaker be busy tomorrow?

(A) He will submit a report.
(B) He will write a job description.
(C) He will visit a client.
(D) He will give a presentation.

97. Look at the graphic. Which interview does the speaker want to reschedule?

(A) Tim Leslie
(B) Margo Simpson
(C) Abao Chang
(D) Victoria Hammond

◀ 76

> **Whitewater Adventures**
> Thornton River Rafting Full Day
> Starts: 9:30 A.M. Saturday, June 21
> Valid for One Adult
> Green

98. Who most likely is Mr. Sanders?

(A) A tour guide
(B) A ticket seller
(C) A tourist
(D) A travel agent

99. Look at the graphic. What is implied about the ticket holder?

(A) She is hoping for an exciting trip.
(B) She would like to relax.
(C) She will travel in a single-seater raft.
(D) She is traveling with her family.

100. What time will the tour most likely end?

(A) At 10:30 A.M.
(B) At 11:00 A.M.
(C) At 4:00 P.M.
(D) At 5:00 P.M.

Practice 2
模試 2

解答・解説

★ 正解一覧は P.343 へ

🔖 スクリプト　　　　　　　　　　　　　　　　　　　　🔊 54

Questions 32 through 34 refer to the following conversation.

W: Hi. You look busy. I was hoping to get my hair and nails done this morning. I have to attend a special event this evening.
M: I can fit you in about an hour from now. We'd be finished by noon. How does that sound?
W: I've promised to see a film with a friend from 11:30. Are you busy in the afternoon?
M: There isn't much on the schedule at the moment, but we get a lot of walk-ins. It might be best if you reserve in advance. How does 2:00 P.M. sound?
W: Great. My name is Diana Winters.

🔖 スクリプトの訳

問題 32-34 は次の会話に関するものです。
女性：こんにちは。お忙しそうですね。この午前中に髪とネイルをしてもらいたいなと思っていたのですが。今日の夕方特別なイベントに参加しなくてはならないんです。
男性：今からだいたい 1 時間後に予約をお取りできますよ。正午までには終わります。いかがでしょうか。
女性：友人と 11 時 30 分から映画を見る約束をしてしまっていて。午後はお忙しいですか。
男性：今のところはスケジュールにそれほど多く入っていないのですが、飛び込みのお客様が多いんです。事前に予約をお取りになるのがいいかもしれません。午後 2 時はいかがでしょうか。
女性：いいですね。名前は Diana Winters です。

［語注］
☐ fit in ～　～をスケジュールに入れる　　☐ film　映画　　☐ at the moment　今は
☐ walk-in　飛び込みの客、予約なしで来る人　　☐ in advance　事前に

🔖 解説

［選択肢の訳］
32. 男性はどこで働いていると考えられますか。
　(A) 美容院　　正解
　(B) 映画館
　(C) レストラン
　(D) 病院

> 女性は最初の発言で「この午前中に髪とネイルをしてもらいたいなと思っていたのですが」と伝えている。それに対して男性は最初の発言で「今からだいたい 1 時間後に予約をお取りできますよ」と述べ、その後も予約の応対をしている。よって、男性は髪とネイルを施術する場所の店員だとわかるので、(A) が正解。

［選択肢の訳］
33. 女性は今日何をする予定ですか。
- (A) 授賞式に参加する
- (B) 映画を見る　　正解
- (C) 結婚式に出席する
- (D) 製品発売を祝う

> 「今からだいたい1時間後に予約をお取りできますよ。正午までには終わります」と言う男性に対し、女性は2番目の発言で「友人と11時30分から映画を見る約束をしてしまっていて」と述べているため、(B) が正解。女性は最初の発言で「今日の夕方特別なイベントに参加しなくてはならないんです」と言ってはいるが、どのようなイベントかは述べられておらず不明なので、他の選択肢は不適切。

［語注］
□ award 賞　□ celebrate ～を祝う　□ launch 新発売

［選択肢の訳］
34. 男性は何を勧めていますか。
- (A) 新製品を使うこと
- (B) 指示を読むこと
- (C) 予約をすること　　正解
- (D) レシートを保管しておくこと

> 男性は最後の発言で It might be best if you reserve in advance.「事前に予約をお取りになるのがいいかもしれません」と述べているため、(C) が正解。it might be best if ～は「～するのがよいかもしれない」と丁寧に勧める表現。

［語注］
□ instructions 指示、使用説明書　□ receipt レシート

🎙 スクリプト　　　　　　　　　　　　　　　🔊 55

Questions 35 through 37 refer to the following conversation.

W: Excuse me. I didn't hear the announcement. Was it something about a delay?
M: Yes. They're clearing snow from the tracks. The announcement said we'd be stuck at this station for another 20 minutes.
W: I see. Thanks. I've got to get to the Bridgemont Bank in South Hamilton by four o'clock. It's three stops away. I wonder if I'll make it in time.
M: I doubt it. That's only 30 minutes from now. They have a branch at this stop. Why don't you go there instead?
W: <u>It has to be the one in South Hamilton</u>, I'm afraid. I need to sign some documents there.
M: I see. Well, you could give them a call and let them know your situation.

🎙 スクリプトの訳

問題 35-37 は次の会話に関するものです。
女性：すみません。アナウンスが聞こえなかったんです。遅延に関する何かでしたか。
男性：ええ。レールから雪を除去しているそうです。アナウンスによると、さらに 20 分この駅で立ち往生することになるだろうとのことです。
女性：そうなんですね。ありがとうございます。4 時までに South Hamilton にある Bridgemont 銀行に到着しなくてはいけないんです。3 駅先です。間に合うといいのですが。
男性：怪しいですね。今からわずか 30 分後ですから。この駅に支店がありますよ。代わりにそこへ行ってみるのはどうですか。
女性：残念ながら、<u>South Hamilton のでなくてはならない</u>んです。そこでいくつかの書類にサインをしなくてはならなくて。
男性：なるほど。そうですね、その支店に電話してみて状況を伝えてもいいかもしれません。

［語注］
☐ delay 遅延　☐ clear 〜を除去する　☐ track 線路、レール
☐ stuck 立ち往生して、動けなくなって　☐ stop 駅、停留所　☐ make it 間に合う
☐ in time 間に合って　☐ doubt 〜を疑う　☐ branch 支店　☐ instead その代わりに
☐ document 書類

解説

[選択肢の訳]

35. 会話はどこで行われていると考えられますか。

(A) バス
(B) タクシー乗り場
(C) 電車　【正解】
(D) 空港

> 女性は冒頭で男性に、聞き逃したアナウンスの内容は遅延についてかどうかを尋ねている。それに対して男性は「レールから雪を除去しているそうです」と答え、続けて「アナウンスによると、さらに20分この駅で立ち往生することになるだろうとのことです」述べている。したがって、話し手たちは、雪のため動けず駅に停車中の電車内にいると判断できる。よって、(C) が正解。

[語注]
□ stand 客待ち場、停留所

[選択肢の訳]

36. "It has to be the one in South Hamilton" という発言で、女性は何を意味していますか。

(A) 男性の提案では問題を解決できない。　【正解】
(B) 彼女は男性の意見に強く賛成している。
(C) 彼女は男性に手を貸してほしいと思っている。
(D) South Hamilton は観光客に人気である。

> 「4時までに South Hamilton にある Bridgemont 銀行に到着しなくてはいけない」と言う女性に、男性は「この駅に支店がありますよ」と伝え、他の支店に行くことを提案している。女性はこの発言に対して It has to be the one in South Hamilton「South Hamilton のでなくてはならない」と答えているため、他の支店に行くという男性の提案は解決策にならないと考えていることがわかる。よって、(A) が正解。

[選択肢の訳]
37. 女性はなぜ銀行に向かっているのですか。
　(A) 口座を開設するため
　(B) 就職の面接を受けるため
　(C) お金を引き出すため
　(D) 書類にサインするため　　正解

> 女性は最後の発言で男性に、他の支店ではなくSouth Hamilton支店に行く必要があることを伝え、続けてその理由としてI need to sign some documents there.「そこでいくつかの書類にサインしなくてはならなくて」と言っている。よって、(D)が正解。documentsがpapersに言い換えられている。

[語注]
　□account 口座　□withdraw ～を引き出す　□papers 書類、文書

スクリプト　　　　　　　　　　　　　　　　　◀ 56

Questions 38 through 40 refer to the following conversation.

M: Hi, Jane. It's Bill. I'm still at the airport. You won't believe this, but they've canceled the flight. All the other flights are fully booked, so I've decided to drive there.

W: It's a five-hour drive, Bill. Be careful. I don't suppose you'll be in time for dinner tonight. Let's get something to eat after the conference tomorrow.

M: Sure thing. I'd better go. I have to reserve a car. I imagine there are a few other people with the same idea as me.

 スクリプトの訳

問題 38-40 は次の会話に関するものです。

男性：こんにちは、Jane。Billです。まだ空港にいます。信じてもらえないだろうけど、フライトがキャンセルされたんですよ。他のすべてのフライトは満席なので、私は車で行くことに決めました。

女性：5時間の運転ですよ、Bill。気をつけてくださいね。今日の夕食には間に合わないですよね。明日の会議の後に何か食べましょう。

男性：もちろんいいですよ。私は行かないとですね。車を予約しないといけません。私と同じ考えの人が他にもいると思うので。

［語注］
□ fully 完全に　　□ book ～を予約する　　□ in time 間に合って　　□ conference 会議
□ sure thing もちろん　　□ reserve ～を予約する

🔥 解説

［選択肢の訳］
38. 話し手たちは何について話をしていますか。

　(A) ホテルの予約
　(B) キャンセルされたフライト　　正解
　(C) メニューの項目
　(D) チケットの値段

> 男性は冒頭で女性に「まだ空港にいます」と伝えてから「フライトがキャンセルされたんですよ」とその理由を述べ、今後の対応について話を続けている。よって、(B) が正解。

［語注］
　□ booking 予約

[選択肢の訳]

39. 話し手たちは明日何をする予定ですか。
- (A) 本のプロモーションについて話し合う
- (B) 工場の視察を行う
- (C) 車で空港へ行く
- (D) 会議に参加する　　正解

> 女性は男性に「今日の夕食には間に合わないですよね」と言い、Let's get something to eat after the conference tomorrow.「明日の会議の後に何か食べましょう」と提案している。よって、話し手たちは明日、会議に参加するのだと判断できるので、(D) が正解。

[語注]
- inspection 視察、立ち入り検査

[選択肢の訳]

40. 男性は次に何をすると考えられますか。
- (A) スーツケースを詰める
- (B) 返金を求める
- (C) 何かを食べる
- (D) 予約する　　正解

> 男性は2番目の発言で女性に「私は行かないとですね」と言い、その理由として続けて I have to reserve a car.「車を予約しないといけません」と伝えている。また、さらに続けて「私と同じ考えの人が他にもいると思うので」と言っているので、会話を終えた後、急いで予約をしに行くと考えられる。よって、(D) が正解。reserve (a car) が make a reservation (of a car) に言い換えられている。

[語注]
- pack ～を詰める　　refund 返金　　purchase ～を購入する　　reservation 予約

🎤 スクリプト

◀ 57

Questions 41 through 43 refer to the following conversation.

M: Hi, Kate. Congratulations on hiring Doug Gilmore as your new assistant. He's doing a fabulous job, isn't he?

W: I've been very happy with him. He's so efficient and thoughtful. He's made my life much easier. Have you seen him, by the way? I've been looking for him.

M: I passed him at the elevators. He said he was going to get some coffee from the kitchen on the second floor.

W: Oh. Fair enough. I'll wait for him to get back. I wanted to ask him about his vacation plans. I want to make sure he's available during the busy period.

🎤 スクリプトの訳

問題 41-43 は次の会話に関するものです。

男性：こんにちは、Kate。あなたの新しいアシスタントの Doug Gilmore の採用、おめでとうございます。彼は素晴らしい仕事をしているのではないですか。

女性：彼には非常に満足しています。とても有能で思いやりがありますから。彼のおかげで私の生活はずいぶんと楽になりました。ところで、彼を見かけましたか。探しているんですよ。

男性：エレベーターですれ違いましたよ。彼は 2 階のキッチンにコーヒーを取りに行くつもりだと言っていました。

女性：あら。まぁいいでしょう。彼が戻ってくるのを待ちます。彼の休暇の計画について聞きたかったんです。忙しい時期は必ず彼にいてもらえるようにしたいので。

[語注]
- fabulous 非常に素晴らしい　□ efficient 有能な、効率がいい
- thoughtful 思いやりがある、思慮深い　□ by the way ところで
- fair 妥当な、理にかなった　□ make sure ～ 確実に~であるようにする
- available 手が空いている、利用可能な　□ period 期間

解説

[選択肢の訳]

41. Gilmore さんは誰ですか。

(A) 採用責任者
(B) 配達ドライバー
(C) 個人アシスタント　正解
(D) コンサルタント

> 男性は冒頭で女性に Congratulations on hiring Doug Gilmore as your new assistant.「あなたの新しいアシスタントの Doug Gilmore の採用、おめでとうございます」と言っている。your new assistant と your「あなたの」が用いられているので、Gilmore さんは女性の個人アシスタントであると考えられる。よって、(C) が正解。

[選択肢の訳]

42. Gilmore さんはどこに行きましたか。

(A) カフェ
(B) キッチン　正解
(C) 会議室
(D) 駐車場

> 女性は最初の発言で、男性に Gilmore さんを見かけたかを尋ねている。それに対して男性は「エレベーターですれ違いましたよ」と答え、続けて「彼は 2 階のキッチンにコーヒーを取りに行くつもりだと言っていました」と述べている。よって、(B) が正解。

[選択肢の訳]

43. 女性はなぜ Gilmore さんを探しているのですか。

(A) 意見を求めるため
(B) 旅行での幸運を祈るため
(C) スケジュールを尋ねるため　正解
(D) 推薦に感謝するため

> 女性は Gilmore さんを探していることを男性に伝え、その理由として、最後の発言で I wanted to ask him about his vacation plans.「彼の休暇の計画について聞きたかったんです」と説明している。よって、(C) が正解。his vacation plans が his schedule と言い換えられている。

[語注]

□ wish ~ well　~の幸運を祈る　□ recommendation　推薦

🔖 **スクリプト** ◀ 58

Questions 44 through 46 refer to the following conversation.

W: The moving company said they'd be a few hours late because of the weather. It gives us some extra time to pack everything up. We might not be able to set up the new office until tomorrow morning, though.

M: That might be a problem. The networking company is coming to set up the computers on the new network tomorrow morning. They can't do that without the desks and chairs.

W: Ms. Clark thought of that. She called the networking company and asked them to come in the afternoon instead. They'll then install the new cables, servers, and routers.

🔖 **スクリプトの訳**

問題 44-46 は次の会話に関するものです。

女性：引っ越し会社は天候が理由で数時間遅れると言っていました。そのおかげですべての荷物を詰める余分な時間ができますね。明日の朝までは新しいオフィスの準備を整えられないかもしれませんが。

男性：それは問題かもしれませんよ。ネットワーク会社が明日の朝、コンピュータを新しいネットワーク上に設定しに来る予定ですから。彼らは机と椅子がないと設定することができません。

女性：それについては Clark さんが考えました。彼女はネットワーク会社に電話して、代わりに午後に来るよう頼んでくれました。彼らはそのときに新しいケーブルとサーバーとルーターを設置します。

[語注]
☐ moving company 引っ越し業者　☐ extra 余分の　☐ pack up ~ ~を詰める
☐ set up ~ ~を準備する、設定する　☐ install ~を設置する

解説

[選択肢の訳]

44. 話し手たちは何について話をしていますか。

(A) 新しいオフィスに引っ越すこと　**正解**
(B) 新しい従業員を雇うこと
(C) 顧客を楽しませること
(D) 家具を購入すること

> 女性は冒頭で「引っ越し会社は天候が理由で数時間遅れると言っていました」と言い、続けて「そのおかげですべての荷物を詰める余分な時間ができます」と述べていることから、引っ越しに向けて荷造りの準備を行っているとわかる。また「明日の朝までは新しいオフィスの準備を整えられないかもしれない」と言っているので、この引っ越しは新しいオフィスへの引っ越しだとわかる。よって、(A) が正解。

[語注]
　　□ entertain ～を楽しませる　□ furniture 家具

[選択肢の訳]

45. 男性はなぜ心配していますか。

(A) 家具の準備が間に合わない。　**正解**
(B) 装置が不調である。
(C) 移動時間が長くなる。
(D) 顧客が遅れる。

> 明日の朝までは新しいオフィスの準備ができないことに対して、男性は最初の発言で「それは問題かもしれない」と懸念を示している。続けて、ネットワーク会社が明日設定のために来ることを述べ、「彼らは机と椅子がないと設定することができません」と言っている。よって、男性は、ネットワーク会社が設定に来るのに、必要な机と椅子がオフィスにないという状況になることを心配しているとわかるため、(A) が正解。the desks and chairs が some furniture に言い換えられている。

[語注]
　　□ furniture 家具　□ device 装置　□ malfunction 正しく作動しない

［選択肢の訳］
46. Clark さんは何をしましたか。
(A) 不動産業者と話をした。
(B) 会議の日程を決めた。
(C) 締め切りを延ばした。
(D) 業者に電話した。　　正解

男性が指摘した問題について、女性は最後の発言で「それについては Clark さんが考えました」と言い、続けて「彼女はネットワーク会社に電話して、代わりに午後に来るよう頼んでくれました」と述べている。よって、(D) が正解。the networking company「ネットワーク会社」が a supplier「業者」と言い換えられている。

［語注］
□ real estate agent 不動産業者　□ schedule ～を予定する　□ extend ～を延ばす
□ deadline 締め切り

スクリプト　　　　　　　　　　　　　　　　　　59

Questions 47 through 49 refer to the following conversation.

M: Hi Helen. Can you give me a hand with my presentation?
W: Oh. Hi, Pete. Yes of course. Just give me a moment. I can't find the receipt for the new microphone I bought. I can't get a reimbursement without it.
M: If you used your credit card, you might be able to use the bill instead of a receipt.
W: That's a good idea. I'll ask the company accountant if that would be acceptable.
M: I'm pretty sure he'll say yes. I lost a couple of receipts when I took that business trip last month. They accepted my credit card statement as proof.

📢 スクリプトの訳

問題 47-49 は次の会話に関するものです。
男性：こんにちは、Helen。私のプレゼンテーションに手を貸してもらえませんか。
女性：あら。こんにちは、Pete。ええ、もちろんいいんですけど。ちょっと待ってくださいね。私が購入した新しいマイクの領収書が見つからないんですよ。領収書がないと返済してもらえないですから。
男性：もし自分のクレジットカードを使ったなら、領収書の代わりにカードの請求書が使えるかもしれませんよ。
女性：それはいい考えですね。会社の経理担当者にそれでもいいか聞いてみます。
男性：きっと経理担当者はイエスと言ってくれますよ。先月出張したとき、私は何枚か領収書をなくしてしまったんです。経理は私のクレジットカード明細を証拠として受け取ってくれましたよ。

［語注］
☐ give ~ a hand ~に手を貸す、~を手伝う　☐ receipt 領収書、レシート
☐ reimbursement 返済　☐ bill 請求書　☐ accountant 経理担当者、会計士
☐ acceptable 受け入れられる　☐ pretty かなり　☐ statement 明細　☐ proof 証拠

解説

[選択肢の訳]

47. 女性はなぜ心配していますか。

(A) 彼女の携帯電話の充電が切れている。
(B) 彼女は電車に遅れるだろう。
(C) 彼女の求職の申し込みが却下された。
(D) 彼女は購入を証明するものを見つけることができない。　正解

> 女性は最初の発言で I can't find the receipt for the new microphone I bought.「私が購入した新しいマイクの領収書が見つからないんですよ」と言っているので、(D) が正解。the receipt for the new microphone I bought が her proof of purchase と言い換えられている。

[語注]

□ flat（充電が）切れた、平らな　□ application 申し込み　□ proof 証拠、証明

[選択肢の訳]

48. 女性は誰に連絡をすると言っていますか。

(A) 人材派遣会社
(B) 販売員
(C) 会社の経理担当者　正解
(D) タクシーサービス

> 男性は、領収書が見つからない女性に対して、クレジットカードの請求書で代用してはどうかと提案している。それに対して、女性は最後の発言で I'll ask the company accountant if that would be acceptable.「会社の経理担当者にそれでもいいか聞いてみます」と言っているので、(C) が正解。ask「〜に尋ねる」が設問文では contact「〜に連絡を取る」に言い換えられている。

[語注]

□ agency 代理店　□ clerk 販売員、事務員

[選択肢の訳]

49. 男性は先月何をしたと言っていますか。

(A) 出張に行った　正解
(B) 旅行保険を購入した
(C) 別の支店に転勤した
(D) 賞を受賞した

> 男性は最後の発言で、I lost a couple of receipts when I took that business trip last month.「先月出張したとき、私は何枚か領収書をなくしてしまったんです」と言っている。よって、男性が先月、出張へ行ったことがわかるため、(A) が正解。

[語注]

□ purchase ~を購入する　□ insurance 保険
□ transfer A to B AをBへ転勤させる　□ branch 支店　□ award 賞

スクリプト　　　　　　　　　　　　　　◀ 60

Questions 50 through 52 refer to the following conversation with three speakers.

W1: Hi Jane! I'm glad you're back. How was it working at our Paris office?
W2: Hi, Wendy. It was wonderful, but it's always nice to be home. A year is a long time to be away from friends and family. By the way, what did you think about the article on HGM in the newspaper?
W1: I haven't read it. What's happened to them?
M: They've opened a new branch right here in Galveston. We'll be facing some stiff competition from now on.
W2: I'm sure our loyal customers will stay with us. It's going to be much harder for us to grow, though.
M: Right. We'll have to spend more on advertising and hold more promotional events.

スクリプトの訳

問題 50-52 は 3 人の話し手による次の会話に関するものです。

女性 1：こんにちは、Jane！ あなたが戻ってきてくれて嬉しいです。Paris のオフィスでの仕事はどうでしたか。
女性 2：こんにちは、Wendy。最高でしたよ、でも、いつだって故郷にいるのはいいものです。1 年というのは友人や家族と離れているには長い期間ですから。ところで、新聞の HGM についての記事はどう思いましたか。
女性 1：まだ読んでいないんです。HGM に何があったのですか。
男性：彼らはまさにここ、Galveston に新しい支店を開いたんです。今後私たちは厳しい競争に直面することになりますね。
女性 2：きっと私たちのお得意様は離れないでいてくれますよ。私たちが拡大していくのはずっと難しくなるでしょうけど。
男性：その通り。もっと広告にお金を使って、もっと多くの販売促進イベントを開催する必要があるでしょうね。

[語注]
□ by the way ところで　□ article 記事　□ branch 支店　□ face ～に直面する
□ stiff 厳しい、堅い　□ competition 競争　□ from now on 今後は　□ loyal 忠実な
□ promotional 販売促進の

解説

[選択肢の訳]

50. 話し手たちは何について話していますか。

(A) 新聞記事　**正解**
(B) 競技会の開催地
(C) 新製品
(D) 会議の議題

> 女性2は最初の発言で、By the way, what did you think about the article on HGM in the newspaper?「ところで、新聞のHGMについての記事はどう思いましたか」と女性1に尋ねている。それに対して女性1はまだ読んでいないことを伝え、「HGMに何があったのですか」と尋ねている。その質問に男性が最初の発言で「彼らはまさにここ、Galvestonに新しい支店を開いたんです」と答えているので、HGMに関する新聞記事について話をしているとわかる。よって、(A)が正解。the article on HGM in the newspaper「新聞のHGMについての記事」がa newspaper articleに言い換えられている。

[語注]
　□ competition 競技会　□ venue 開催地　□ agenda 議題

[選択肢の訳]

51. 女性たちはなぜ長い間会っていなかったのですか。

(A) 一人が研修イベントに参加した。
(B) 一人が別のオフィスに転勤になった。　**正解**
(C) 彼女たちは休暇中だった。
(D) 彼女たちは会議にはめったに参加しない。

> 女性1は、最初の発言で女性2に「あなたが戻ってきてくれて嬉しいです」と言い、続けて「Parisのオフィスでの仕事はどうでしたか」と聞いている。ここから、女性2は女性1とは別のオフィスで働いていたことがわかる。さらに、女性2は最初の発言で「最高でしたよ、でも、いつだって故郷にいるのはいいものです」と答えているので、もともと女性1と同じオフィスにいたが、一時的にParisのオフィスに転勤になっていたと判断できる。よって、(B)が正解。

[語注]
　□ rarely めったに~しない　□ attend ~に参加する
　□ convention 会議

［選択肢の訳］
52. 男性は自分の会社について何と言っていますか。
(A) それは新しい地域に拡張していく予定である。
(B) それは製品提供を多様化させる予定である。
(C) それは広告費への支出を増やす予定である。　正解
(D) それは Galveston へ移転する予定である。

> 男性は、競合企業が進出してきた状況をふまえて、最後の発言で「もっと広告にお金を使って、もっと多くの販売促進イベントを開催する必要があるでしょうね」と発言している。よって、(C) が正解。spend more on advertising が raise its advertising spending と言い換えられている。

［語注］
□ spread 広がる、拡張する　□ diversify ～を多様化する　□ offering 提供
□ spending 支出　□ relocate to ～ ～へ移転する

スクリプト　　　　　　　　　　　　　　　　　　　　　　　　61

Questions 53 through 55 refer to the following conversation.

M: Hello, Blackness Books. My name's Roger. How can I help you?
W: Hi, Roger. I'm looking for a copy of *Into the Snow* by Tennyson Cleese. Do you have any in stock?
M: It's a popular book. We just sold our last copy 20 minutes ago. I can order one for you. It will be here by Friday.
W: Thanks, but I need it by Tuesday. My book club will be discussing it on Wednesday evening.
M: Oh. I see. Well, <u>it's been out for a few months</u>. You might be able to find a second-hand copy at Bartman's Books.

スクリプトの訳

問題 53-55 は次の会話に関するものです。

男性：こんにちは、Blackness 書店です。私の名前は Roger といいます。ご用件をどうぞ。
女性：こんにちは、Roger。私は Tennyson Cleese 著の『雪の中へ』を探しています。在庫はありますか。
男性：人気の本ですね。ちょうど 20 分前に最後の 1 冊を販売したところなんです。お客様のために 1 冊注文できますよ。金曜日までにはこちらに届きます。
女性：ありがとうございます、でも私はそれを火曜日までに欲しいんです。私の読書会では水曜日の夕方にこの本について議論することになっていて。
男性：なるほど。わかりました。そうですね、<u>その本は出版されてもう数カ月経ちます</u>。Bartman's 書店で中古の本を見つけることができるかもしれませんよ。

[語注]
□ copy（本などの）1 冊、1 部　□ in stock 在庫の　□ order ～を注文する
□ out 出版されている　□ second-hand 中古の

解説

[選択肢の訳]

53. 女性はなぜ電話していますか。

(A) 本のサイン会に登録するため
(B) クラブに入会するため
(C) イベントスペースを借りるため
(D) 本を見つけるため　　正解

> 女性は最初の発言で I'm looking for a copy of *Into the Snow* by Tennyson Cleese.「私は Tennyson Cleese 著の『雪の中へ』を探しています」と言い、「在庫はありますか」と尋ねている。よって、(D) が正解。look for 〜が locate に、a copy of *Into the Snow* by Tennyson Cleese が a book に言い換えられている。

[語注]

□ register 登録する　□ locate 〜を見つける

[選択肢の訳]

54. 女性によると、水曜日の夕方に何が起こりますか。

(A) クラブが集まる。　　正解
(B) 本が発売される。
(C) 公演が行われる。
(D) 広告が放送される。

> 女性は2番目の発言で、火曜日までに本が必要だと伝え、その理由として My book club will be discussing it on Wednesday evening.「私の読書会では水曜日の夕方にこの本について議論することになっていて」と述べている。「議論をする」ということは、will meet「集まる」と言えるので、(A) が正解。my book club が a club に言い換えられている。

[語注]

□ release 〜を発売する　□ performance 公演、演奏　□ broadcast 〜を放送する

[選択肢の訳]

55. 男性はなぜ "it's been out for a few months" と言っていますか。

(A) 女性に新作をチェックするよう勧めるため
(B) 本はもう出版されていない可能性があると警告するため
(C) なぜ本を割引して販売している店があるのかを説明するため
(D) 中古の本を入手できる可能性があることを指摘するため　　正解

「金曜日までにはこちらに届きます」と言って本の発注を申し出る男性に対し、女性は最後の発言で「ありがとうございます、でも私はそれを火曜日までに欲しいんです」と述べ、期日に間に合わないことから発注を断っている。それに対して男性は下線部の発言をし、続けて You might be able to find a second-hand copy at Bartman's Books.「Bartman's 書店で中古の本を見つけることができるかもしれませんよ」と述べている。つまり、新品ではなく中古品であれば、期日の火曜日までに入手できる可能性があると伝えるために、男性は下線部の発言をしたと判断できる。よって、(D) が正解。second-hand が used に言い換えられ、be able to find「見つけることができる」の意味が available「入手できる、手に入る」で言い換えられている。

[語注]

□recommend ～を勧める　□warn ～を警告する　□in print 出版されて、印刷されて
□at a discount 割引で　□point out ～ ～を指摘する　□used 中古の

🔊 スクリプト　　　　　　　　　　　　　　　　　🔊 62

Questions 56 through 58 refer to the following conversation with three speakers.

W: Hi, Ted. I've been asked to create an employee handbook. I'm asking the head of each department to write a section specific to their needs.

M1: That sounds like a big job. Harry, your department already has its own manual, doesn't it?

M2: We do, but it's time for an update. Mr. George wrote it before he joined the sales division.

W: Can I take a look at that manual? It might give me some ideas about how the other departments should write theirs.

M1: Sure. I'll e-mail it to you.

🔊 スクリプトの訳

問題 56-58 は 3 人の話し手による次の会話に関するものです。

女性：　こんにちは、Ted。私は従業員ハンドブックを作るよう依頼されています。各部長に、それぞれの部署の需要に特有なセクションの執筆をお願いしているんです。

男性1：　それは大変な仕事ですね。Harry、あなたの部署はすでに自分たちのマニュアルがありますよね？

男性2：　ええ、ありますが、改訂してもいい頃です。George さんが、自身が営業部に加わる前に書いたものですから。

女性：　そのマニュアルをちょっと拝見してもいいですか。それは、他の部署がどうやって自分たちのものを書けばいいのかについて、私に何かアイデアを与えてくれるかもしれませんから。

男性1：　もちろんです。E メールであなたに送りますね。

［語注］
☐ employee 従業員　☐ handbook 手引き書　☐ department 部署
☐ specific to ~ ~に特有の、~に固有の　☐ manual 手引き書　☐ update 改訂、最新情報
☐ join ~に加わる　☐ division 部

解説

[選択肢の訳]

56. 会話は主に何についてですか。

(A) 新しい店舗を開くこと
(B) 従業員マニュアルを書くこと　**正解**
(C) ランニングコストを削減すること
(D) 追加のスタッフを雇うこと

> 女性は冒頭で I've been asked to create an employee handbook.「私は従業員ハンドブックを作るよう依頼されています」と述べ、続けて、各部のセクションを執筆してもらう必要があると伝えている。その後、話し手たちはそれぞれ自分の部のハンドブックについて情報を共有している。よって、(B) が正解。create が write に、handbook が manual に言い換えられている。

[語注]

- location 場所、店舗
- reduce 〜を減らす
- running cost ランニングコスト（企業の経営維持にかかる費用）
- hire 〜を雇う
- additional 追加の

[選択肢の訳]

57. George さんはどの部署で働いていますか。

(A) 発送
(B) 人事
(C) 管理
(D) 営業　**正解**

> George さんについては、男性 2 が「George さんが、自身が営業部に加わる前に書いたものですから」と言及している。よって、George さんは現在、営業部に所属していると考えられるため、(D) が正解。

[選択肢の訳]
58. 女性は男性たちに何をするよう頼んでいますか。
(A) 告知をする
(B) 研修に参加する
(C) 調査を行う
(D) 書類を共有する　　正解

> 女性が従業員ハンドブックを作成しようとしていることを聞いた男性1は、男性2であるHarryさんに対し、彼の部署にマニュアルがあることを確認している。その質問に対してHarryさんは「ある」と回答しており、それを聞いた女性は、Can I take a look at that manual?「そのマニュアルをちょっと拝見してもいいですか」と依頼している。よって、(D) が正解。manualがdocumentに言い換えられている。

[語注]
□announcement 告知、発表　□session 集まり　□conduct ～を行う
□survey 調査　□share ～を共有する

🔖 **スクリプト** 🔊 63

Questions 59 through 61 refer to the following conversation.

M: Stella, if you have a moment, I'd like to talk about the office interior design updates. I want to get it done before the end of the financial year. We need to use the money in this year's budget.
W: Shall we visit an interior designer this afternoon?
M: I'll be busy interviewing job applicants. Besides, I think it would be best if the designer came here and looked at the space.
W: Would you like me to have a couple of different designers come and discuss the project? We can choose the one whose ideas we like the most.

🔖 **スクリプトの訳**

問題 59-61 は次の会話に関するものです。

男性：Stella、もしちょっと時間があったら、オフィスのインテリアデザインの更新について話をしたいのですが。会計年度の終わりまでにそれを終わらせたくて。今年の予算のお金を使う必要があるんです。
女性：今日の午後、インテリアデザイナーのところに行きませんか。
男性：私は求職者の面接で忙しいんです。それに、デザイナーにここに来てもらって、この場所を見てもらえたら一番いいと思うので。
女性：何人かのデザイナーに来てもらって、プロジェクトについて話し合ってもらうように私が手配しましょうか。私たちが一番気に入ったアイデアを持つデザイナーを選べますから。

［語注］
☐ update 更新、最新情報　☐ financial 会計の、財務の　☐ budget 予算
☐ applicant 応募者

解説

[選択肢の訳]

59. 話し手たちは何について話し合っていますか。
(A) オンライン会議の日程を決めること
(B) 製品デザインを更新すること
(C) 室内装飾の計画 　正解
(D) 在庫管理ソフトを選定すること

> 男性は最初の発言で、女性に I'd like to talk about the office interior design updates「オフィスのインテリアデザインの更新について話をしたいのですが」と伝え、その後も、デザイナーの手配について話をしている。インテリアデザインの更新について話すことは、室内装飾の計画について話すことだと言えるので、(C) が正解。office interior design updates が decorating plans に言い換えられている。

[語注]

□ schedule 〜を予定する　□ update 〜を更新する　□ decorate 〜に室内装飾を施す
□ inventory 在庫

[選択肢の訳]

60. 男性は今日の午後に何をしますか。
(A) 開会式に出席する
(B) 職の候補者を評価する 　正解
(C) 商品サンプルを受け取る
(D) 研修を行う

> 女性は最初の発言で、Shall we 〜?「(私たちは一緒に) 〜しませんか」という提案の表現を使い、男性に「今日の午後、インテリアデザイナーのところに行きませんか」と提案している。これに対し男性は、I'll be busy interviewing job applicants.「私は求職者の面接で忙しいんです」と答えている。よって、男性の今日の午後の予定として、(B) が正解。interview「〜の面接をする」が evaluate「〜を評価する」に、job applicants「求職者」が candidates for a position「職の候補者」に言い換えられている。

[語注]

□ ceremony 式典　□ candidate 候補者　□ session 集まり

[選択肢の訳]

61. 女性は何をすることを申し出ていますか。

(A) 部屋を予約する
(B) 自分の机を片付ける
(C) 予約を取る　　正解
(D) 誕生日会に出席する

> 女性は最後の発言で、男性に Would you like me to have a couple of different designers come and discuss the project?「何人かのデザイナーに来てもらって、プロジェクトについて話し合ってもらうように私が手配しましょうか」と提案しているので、デザイナーとの打ち合わせの予約を複数取ることを申し出ていると言える。よって、(C) が正解。Would you like me to do ~? は、直訳すると「あなたは私に~してほしいですか」という意味。今回のように、相手に何かを申し出る際の表現としても使われる。

[語注]

□ reserve ~を予約する　□ tidy ~を片付ける、~を整える　□ appointment 予約
□ attend ~に出席する、~に参加する

🎤 スクリプト   ◀ 64

Questions 62 through 64 refer to the following conversation and table.

W: Jack, have you chosen a hotel to stay at when we attend the Milwaukee Film Festival this July?
M: I haven't thought about it. I've been too busy working on our latest production. Shooting is way over schedule.
W: I thought that might be the case. I made a list of hotels within walking distance of the main theaters. The Charmody is already fully booked.
M: Let's go with the next most expensive option, then.
W: OK. I'll make a reservation. Do you want to drive there or fly this time?

🎤 スクリプトの訳

問題 62-64 は次の会話と表に関するものです。
女性：Jack、この 7 月の Milwaukee 映画祭に私たちが出席するときに泊まるホテルを選びましたか。
男性：まだそれについて考えていませんでした。最新の制作に取り組むのに忙しすぎて。撮影がスケジュールを大幅に超過しているんです。
女性：そんなところだろうと思いましたよ。主要な映画館から歩いて行ける距離にあるホテルのリストを作っておきました。Charmody はもう満室です。
男性：それなら、その次に料金の高いところにしましょう。
女性：わかりました。私が予約しましょう。車で行きますか、それとも今回は飛行機で行きますか。

Charmody	320 ドル
Silvian	300 ドル
Lennon's	280 ドル
Xanadu	260 ドル

［語注］
- work on ～ ～に取り組む　□ shooting 撮影　□ way はるかに、とても
- case 事実、実情　□ within walking distance of ～ ～から歩いて行ける距離に
- theater 映画館、劇場　□ fully 完全に　□ book ～を予約する

解説

［選択肢の訳］
62. 話し手たちはどの業界で働いていると考えられますか。
(A) エンターテインメント　正解
(B) レストラン
(C) 金融
(D) 製造

> 女性は最初の発言で男性に「この7月のMilwaukee映画祭に私たちが出席するときに泊まるホテルを選びましたか」と尋ねており、映画祭に出席することが業務となる業界だとわかる。また、女性の質問に対し男性は、制作が忙しすぎてまだ考えていなかったことを伝え、その理由として「撮影がスケジュールを大幅に超過している」と言っている。よって、映画の撮影と関わる仕事とわかるので、(A) が正解。

［選択肢の訳］
63. 図を見てください。男性はどのホテルに泊まると考えられますか。
(A) Charmody
(B) Silvian　正解
(C) Lennons
(D) Xanadu

> 女性が2番目の発言で「Charmodyはもう満室です」と伝えているのに対して、男性は「それなら、その次に料金の高いところにしましょう」と返している。Charmodyの次に料金の高いホテルを図で探すと、男性が選んだのはSilvianだとわかる。よって、(B) が正解。

［選択肢の訳］
64. 女性は何について尋ねていますか。
(A) 旅に一緒に行く人
(B) 交通機関の選択　正解
(C) 荷物の条件
(D) 旅行日

> 女性は最後の発言で、男性にDo you want to drive there or fly this time?「車で行きますか、それとも今回は飛行機で行きますか」と尋ねている。これは、Milwaukee映画祭までの交通手段の希望を確認する発言なので、(B) が正解。

［語注］
- companion 同行者
- transportation 交通機関
- preference 選択、好み
- luggage 荷物
- requirement 条件、要件

🔊 スクリプト   ◀65

Questions 65 through 67 refer to the following conversation and map.

M: Good morning, Ms. Sloan. I'm calling to talk about the Engineering Convention in Boston this year. You were on our waiting list in case any booths became available.
W: I've just received your e-mail. I'm looking at the floor plan.
M: Right. We've rented an additional room, so there are a few spots to choose from.
W: Well, I like this one right in front of the entrance.
M: Sure. That'll be $3,000 a day.
W: No problem. I assume there is a power plug and an Internet connection in the booth. We plan to show some promotional videos.
M: That's right. You have unlimited use of both. We do ask that you keep the speaker volume on any devices below 60 decibels.

🔊 スクリプトの訳

問題 65-67 は次の会話と地図に関するものです。

男性：おはようございます、Sloan さん。今年の Boston のエンジニアリング会議についてお話しするためにお電話を差し上げています。ブースに空きが出た場合の順番待ちリストにお名前がありました。
女性：ちょうどメールを受信しました。会場の配置を見ていたところです。
男性：そうですか。私たちは追加で一部屋を借りたので、お選びいただける場所がいくつかございます。
女性：そうですね、入り口のちょうど正面の場所がいいですね。
男性：承知いたしました。1 日当たり 3,000 ドルです。
女性：問題ございません。ブースに電源プラグとインターネット接続はありますよね。販売促進の動画を流す予定なんです。
男性：はい、ございます。両方とも制限なしでご利用いただけますよ。どの機材もスピーカーのボリュームを 60 デシベル未満にしていただくようお願いしております。

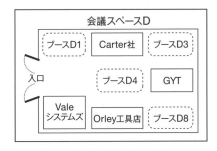

［語注］
□ convention 会議　□ waiting list 順番待ちリスト　□ in case ～ ～の場合に備えて
□ available 利用可能な　□ additional 追加の　□ spot 場所　□ assume ～だと想定する
□ power plug 電源プラグ　□ promotional 販売促進の　□ unlimited 無制限の
□ device 機器　□ decibel デシベル（音の強さを表す単位）

 解説

［選択肢の訳］

65. 男性は女性について何と言っていますか。

(A) 彼女はブースの順番待ちリストに載っていた。　正解
(B) 彼女はブースのレンタルに関して割引を求めた。
(C) 彼女は会議でプレゼンテーションを行う予定だ。
(D) 彼女は会議スペース D の視察を行った。

> 男性は冒頭の発言で、「今年の Boston のエンジニアリング会議についてお話しするためにお電話を差し上げています」と女性に電話をかけている目的を述べ、続けて You were on our waiting list in case any booths became available.「ブースに空きが出た場合の順番待ちリストにお名前がありました」と言っている。よって、(A) が正解。our waiting list in case any booths became available の部分が a waiting list for a booth に言い換えられている。

［語注］
□ inspect ～を視察する

［選択肢の訳］

66. 図を見てください。女性の会社はどのブースを借りると考えられますか。

(A) ブース D1
(B) ブース D3
(C) ブース D4　正解
(D) ブース D8

> 男性は 2 番目の発言で、女性に there are a few spots to choose from「お選びいただける場所がいくつかございます」と言っている。それに対して、女性は 2 番目の発言で、I like this one right in front of the entrance「入り口のちょうど正面の場所がいいですね」と伝えている。this one の one は spot を指していることに注意。図を見ると、入り口の正面には Booth D4 が見つかるため、(C) が正解。

310

［選択肢の訳］
67. ブース運営者は何を制限することを求められていますか。

(A) 電力消費
(B) インターネットの利用
(C) 来訪者数
(D) 騒音レベル　　正解

> 男性は最後の発言で「どの機材もスピーカーのボリュームを 60 デシベル未満にしていただくようお願いしております」と述べている。スピーカーのボリュームの上限があるということは、「騒音レベル」が制限されていると言えるため、(D) が正解。

［語注］
　　□ consumption 消費　□ usage 使用

スクリプト　　　　　　　　　　　　　　　　　　　　66

Questions 68 through 70 refer to the following conversation and graph.

W: The next topic on the agenda this afternoon is reducing our reliance on suppliers. Naturally, we can't start our own farms, so Day Vegetables can't be replaced. Does anyone have any ideas for the others?

M: I think it would be fairly easy to fit out an industrial bakery and start producing our own bread. It's not like we offer a large variety of baked goods, and they're currently where we outsource the most.

W: I agree. Can you start exploring the possibilities, Todd? We need a suitable building and a good deal on equipment.

M: I'll talk to a real estate agent today.

スクリプトの訳

問題 68-70 は次の会話とグラフに関するものです。

女性：今日の午後の議題の次のトピックは、納入業者への依存を減らすことです。もちろん、自分たちの農場を始めるというわけにはいきませんので、Day Vegetables 社は置き替えられません。他の業者について誰かアイデアはありませんか。

男性：パン工場設備を整えて、独自のパンを製造するのはかなり簡単だろうと思います。多くの種類のパン類を提供しているというわけではないですし、パン類は現在、私たちが最も外部調達しているところですから。

女性：そうですね。可能性を探り始めてもらえますか、Todd？ 私たちは適した建物やお得な設備が必要です。

男性：今日、不動産業者に相談してみます。

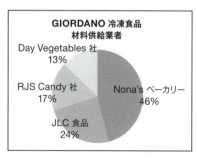

[語注]
□ reliance 依存　□ supplier 納入業者、仕入れ先　□ farm 農場　□ replace ～を置き替える
□ fairly かなり　□ fit out ～（必要な装置などを）備え付ける、用意する　□ industrial 産業の
□ baked goods パン類（パンやクッキーなどのオーブンで作られる食べ物）　□ currently 現在
□ outsource ～を外部調達する　□ explore ～を探る、～を調査する　□ suitable 適した
□ equipment 設備　□ frozen dinner 冷凍食品　□ ingredient 材料

解説

[選択肢の訳]

68. 会話はいつ行われていますか。

(A) 午前
(B) 正午
(C) 午後　　正解
(D) 夕方

> 女性は冒頭の発言で、The next topic on the agenda this afternoon is reducing our reliance on suppliers.「今日の午後の議題の次のトピックは、納入業者への依存を減らすことです」と言い、会議を続けている。よって、(C) が正解。

[選択肢の訳]

69. 図を見てください。男性はどの供給業者を置き替えることを提案していますか。

(A) Nona's ベーカリー　　正解
(B) JLC 食品
(C) RJS Candy 社
(D) Day Vegetables 社

> 男性は最初の発言で「パン工場設備を整えて、独自のパンを製造するのはかなり簡単だろうと思います」と発言しているため、パンの供給業者を置き替えようとしていると考えられる。また、男性は続けて「パン類は現在、私たちが最も外部調達しているところだ」とも述べている。そこで、図を確認すると、最も多い割合を占めているのは Nona's Bakery であることがわかる。bakery「ベーカリー、パン屋」は男性の最初の発言の内容とも一致しているため、(A) が正解。

[選択肢の訳]

70. 男性は何をすることを求められていますか。

(A) 割引を要求する
(B) 情報を集める　　正解
(C) チームを作る
(D) 広告を打つ

> 女性は最後の発言で男性に Can you start exploring the possibilities, Todd?「可能性を探り始めてもらえますか、Todd ?」と依頼している。explore the possibilities「可能性を探る」ことは、さまざまな情報を集めて検討することを意味するので、(B) が正解。

[語注]

□ gather ～を集める

🎤 スクリプト　　　　　　　　　　　　　　　　　　　◀ 67

Questions 71 through 73 refer to the following news report.

Good morning listeners. I'm Jack Hornby, and you're listening to *Morning Matters* on Radio 7TC. I have a brief traffic update for you. The Southeast Freeway is bumper-to-bumper all the way from Greenslopes to the city center. We can expect things to be even worse tomorrow with the commencement of the Brisbane Food Festival at the City Botanic Gardens. Of course, the festival won't start until mid-morning, but we can expect a lot of additional vehicles traveling back and forth with supplies all day. Anyway, all other routes into the city are still flowing freely at the moment. I'll be back in half an hour with an update.

🎤 スクリプトの訳

問題 71-73 は次の報道に関するものです。

リスナーの皆さま、おはようございます。私は Jack Hornby で、お聴きになっているのはラジオ 7TC の『モーニングマターズ』です。短い最新交通情報をお届けします。Southeast 高速道路は、Greenslopes から市の中心部まで、全線に渡って数珠つなぎの渋滞です。市立植物園において Brisbane 食品祭が始まることに伴い、明日は状況がさらに悪化することが見込まれます。もちろん、午前の中ごろまで祭りは始まりませんが、物資を搬入搬出する多数の通常以上の車両が終日見込まれています。いずれにしても、市内への他のルートはすべて、現在いまだ順調に流れております。30 分後に最新情報をお届けいたします。

[語注]
☐ brief 簡潔な　☐ update 最新情報　☐ freeway 高速道路
☐ bumper-to-bumper 数珠つなぎの　☐ commencement 開始
☐ botanic garden 植物園　☐ additional 追加の　☐ vehicle 車両
☐ back and forth 行ったり来たりの　☐ supply 用品　☐ at the moment 現在

解説
[選択肢の訳]

71. 報道の主題は何ですか。
(A) 天気
(B) ビジネスニュース
(C) スポーツイベント
(D) 交通 **正解**

> 話し手は3文目で「短い最新交通情報をお届けします」と言い、続けて「Southeast 高速道路は、Greenslopes から市の中心部まで、全線に渡って数珠つなぎの渋滞です」と述べ、その後も渋滞予想について話を続けているため、(D) が正解。

[語注]
□ sporting スポーツ関係の

[選択肢の訳]

72. 話し手は食品祭について何と言っていますか。
(A) それは主催するのに費用がかかるだろう。
(B) それは明日始まる予定だ。 **正解**
(C) それは海外の訪問者を引きつけるだろう。
(D) それはラジオ局が後援している。

> 話し手は「市立植物園において Brisbane 食品祭が始まることに伴い、明日は状況がさらに悪化することが見込まれます」と言っている。よって、明日から食品祭が開催され、それにより道路が混雑し、交通状況が悪化するということがわかるため、(B) が正解。the commencement of the Brisbane Food Festival「Brisbane 食品祭の開始」の commencement「開始」という名詞は、動詞 commence「始まる」の派生語。選択肢では、これが begin に言い換えられている。

[語注]
□ host ~を主催する □ sponsor ~を後援する

[選択肢の訳]

73. 次の報道はいつですか。
(A) 5分後
(B) 10分後
(C) 15分後
(D) 30分後 **正解**

> 話し手は最後に I'll be back in half an hour with an update.「30分後に最新情報とともに戻ってきます」、すなわち「30分後に最新情報をお届けいたします」と言っているので、最新の道路情報が30分後に再び報じられると考えられる。よって、(D) が正解。half an hour が thirty minutes に言い換えられている。

315

スクリプト　　　　　　　　　　　　　　　　　68

Questions 74 through 76 refer to the following announcement.

Good afternoon, everyone. I hope you're all enjoying the Granger Manufacturing Family Fun Day here at Beaumont Gardens. In a few moments, Granger Grunge will be performing live on stage. The band members are all employees from the shipping facility. After their performance, they will have a special session with someone among you. You might be nervous, but it won't require any musical skills.

スクリプトの訳

問題 74-76 は次のお知らせに関するものです。

皆さん、こんにちは。皆さんにここ、Beaumont 庭園での Granger 製造所ファミリーデーをお楽しみいただけていると願っています。もうしばらくいたしますと、Granger Grunge がステージで生演奏を行います。バンドメンバーは全員、出荷施設の従業員です。演奏の後には、彼らが皆さんのうちの誰かと特別セッションを行います。緊張するかもしれませんが、音楽のスキルは何も必要ありません。

[語注]
□ manufacturing 製造
□ family fun day ファミリーデー（従業員とその家族が催し物に参加し親睦を深める会社主催のイベント）　□ shipping 発送　□ facility 施設　□ nervous 緊張している
□ require 〜を要求する

解説

[選択肢の訳]

74. お知らせはどこで行われていますか。

(A) 記者会見
(B) ファンラン
(C) 会社のピクニック　正解
(D) 就職フェア

> 話し手は冒頭で、I hope you're all enjoying the Granger Manufacturing Family Fun Day here at Beaumont Gardens.「皆さんにここ、Beaumont 庭園での Granger 製造所ファミリーデーをお楽しみいただけていると願っています」と言っている。ファミリーデーとは会社主催のイベントで、通常軽食を伴い、従業員とその家族が催し物に参加して親睦を深めることを目的として行われる。「Granger 製造所ファミリーデー」は Beaumont 庭園という屋外で行われているため、屋外での食事を意味する picnic「ピクニック」に言い換えることができる。よって、(C) が正解。

[語注]

□ fun run ファンラン（多くの場合、競争目的ではなく、チャリティーのために開催される走ることを楽しむイベントを指す）　□ fair 展示会

[選択肢の訳]

75. 話し手はなぜお知らせをしていますか。

(A) 演奏が間もなく始まる。　正解
(B) 軽食が用意されている。
(C) 演者が遅れている。
(D) 特別ゲストが到着した。

> 話し手は In a few moments, Granger Grunge will be performing live on stage.「もうしばらくいたしますと、Granger Grunge がステージで生演奏を行います」と伝えているので、(A) が正解。in a few moments「しばらくしたら」という意味が be about to do「もうすぐ～するところ」という表現で言い換えられている。また、動詞 perform「演奏する」が名詞 performance「演奏」に言い換えられている。

[語注]

□ refreshments 軽食　□ available 利用可能な

［選択肢の訳］

76. 話し手はなぜ "it won't require any musical skills" と言っていますか。

(A) 驚きを表現するため
(B) 間違いを正すため
(C) 決定を批判するため
(D) 安心感を与えるため　　正解

> 話し手は後半で「演奏の後には、彼らが皆さんのうちの誰かと特別セッションを行います」と言い、観客が参加できる特別セッションについて伝えている。さらにそれに関して You might be nervous, but「緊張するかもしれませんが、」と言った後に、it won't require any musical skills「音楽のスキルは何も必要ありません」と該当の発言をしている。観客が緊張するであろうことに触れた後に「スキルは必要ない」と伝えているので、観客を安心させるためにこの発言をしていると考えられる。よって、(D) が正解。

［語注］
□ criticize ～を批判する　□ reassurance 安心（感）

スクリプト　　　　　　　　　　　　　　　　　　　69

Questions 77 through 79 refer to the following advertisement.

For Florida residents, owning a swimming pool is almost a necessity, but the cost of ownership is often more than many expect. Priority Pools is here to help. Our expert technicians can service and maintain your filters extending their life and keeping your pool water crystal clear year-round. To help you save even more money, we offer half-price service during December and January. We're open every day except Wednesday, so give our friendly customer service representatives a call to discuss your pool needs at 555 6432.

スクリプトの訳

問題 77-79 は次の広告に関するものです。

Florida にお住まいの方にとって、スイミングプールはほとんど必需品ですが、所有するコストは多くの方が予想するより高いことが多いものです。Priority プール社がお助けします。熟練の技術者がフィルターを保守点検し、フィルターの寿命を延ばして一年中プールの水を透明で澄んだ状態に保ちます。さらに多くのお金を節約するお手伝いをするため、12月から1月の間、半額サービスをご提供します。水曜日を除き毎日営業しておりますので、私たちの親切なカスタマーサービス担当者に 555 6432 までお電話の上、お持ちのプールに必要なものをご相談ください。

[語注]
□ resident 住人　□ necessity 必需品　□ ownership 所有者であること
□ expert 熟練した　□ service 〜を点検する　□ maintain 〜を保守する
□ extend 〜を延ばす　□ crystal clear 透明で澄んだ　□ year-round 一年中
□ representative 担当者、販売員

解説

[選択肢の訳]

77. 会社はどの品物にメンテナンスを提供していますか。

(A) 自動車
(B) プールのフィルター　　正解
(C) 清掃用品
(D) 園芸用具

> 話し手は3文目で Our expert technicians can service and maintain your filters extending their life and keeping your pool water crystal clear year-round.「熟練の技術者がフィルターを保守点検し、フィルターの寿命を延ばして一年中プールの水を透明で澄んだ状態に保ちます」と言っているので、(B) が正解。your filters は、your pool water を綺麗な状態にするフィルターなので、pool filters と言い換えられる。

[語注]
□motor モーター、発動機　　□vehicle 乗物

[選択肢の訳]

78. 会社は12月に何をしますか。

(A) 新しいサービスを提供する
(B) 新しい店舗を開く
(C) 営業時間を延ばす
(D) 顧客に割引を提供する　　正解

> 話し手は we offer half-price service during December and January「12月から1月の間、半額サービスをご提供します」と言っているので、(D) が正解。half-price service「半額のサービス」を提供するということは、a discount「割引」を提供すると言える。

[語注]
□location 場所、店舗　　□extend 〜を延ばす　　□operating 営業の、経営上の

[選択肢の訳]

79. 会社はいつ休みですか。

(A) 月曜日
(B) 火曜日
(C) 水曜日　正解
(D) 木曜日

> 話し手は We're open every day except Wednesday「水曜日を除き毎日営業しております」と言っているので、毎週水曜日が休みだとわかる。よって、(C) が正解。Wednesdays のように曜日が複数形になると、毎週ということが明確になる。

スクリプト

Questions 80 through 82 refer to the following telephone message.

Hello. This is Natalie Tran from Coleman Associates. You recently visited our Web site and left your contact details. As you know, we are Canada's oldest and most respected recruitment agency. Before introducing you to our client companies, we like to conduct preliminary interviews to ensure your suitability. You indicated that you are available on Fridays and Mondays. We don't have any time slots available tomorrow, so how about Monday morning? Please give me a call back to let me know what time suits you. My direct number is 555-7323.

🔖 スクリプトの訳

問題 80-82 は次の電話のメッセージに関するものです。

もしもし。Coleman アソシエイツの Natalie Tran です。あなたは最近、私たちのウェブサイトを訪問して、連絡先情報を残してくださいました。ご存じの通り、私たちは Canada で最も古く、かつ最も高く評価されている職業紹介業者です。あなたを顧客企業に紹介する前に、私たちは予備面接を行って、適性を確認させていただいております。毎週金曜日と月曜日のご都合が良いとのことでしたね。明日は空いている時間帯がございませんので、月曜日の朝はいかがでしょうか。折り返しお電話をいただき、何時のご都合が良いかを教えてください。私の直通の電話番号は 555-7323 です。

[語注]
□ associate 共同経営者、同僚　□ detail 詳細　□ respected 評判の
□ recruitment 採用、求人　□ agency 代理店　□ conduct ～を行う
□ preliminary 予備の、準備の　□ ensure ～を確実にする　□ suitability 適切なこと
□ indicate ～を示す　□ slot 時間枠　□ direct 直通の

解説

[選択肢の訳]

80. 話し手はどのような種類の会社で働いていますか。

(A) 職業紹介業者　**正解**
(B) ファッションデザイン会社
(C) 家具工場
(D) ソフトウェア開発会社

> 話し手は「Coleman アソシエイツの Natalie Tran です」と名乗り、その後「ご存じの通り、私たちは Canada で最も古く、かつ最も高く評価されている職業紹介業者です」と言っている。よって、話し手は「職業紹介業者」である Coleman アソシエイツで働いていると考えられるため、(A) が正解。

[語注]
□ development 開発

[選択肢の訳]

81. 話し手はなぜ電話をしていますか。

(A) ルールの変更を知らせるため
(B) 同僚を推薦するため
(C) 面接を設定するため　**正解**
(D) 感謝の気持ちを示すため

> 話し手は、「あなたを顧客企業に紹介する前に、私たちは予備面接を行って、適性を確認させていただいております」と言って面接が必要であることを伝え、続けて「毎週金曜日と月曜日のご都合が良いとのことでしたね」と相手の都合を確認している。よって、(C) が正解。conduct「〜を行う」が set up 〜「〜を設定する」に言い換えられている。

[語注]
□ colleague 同僚　□ gratitude 感謝の気持ち

[選択肢の訳]

82. 聞き手はいつ来るよう求められていますか。

(A) 月曜日　正解
(B) 木曜日
(C) 金曜日
(D) 土曜日

> 話し手は、予備面接が必要であることを聞き手に伝えた後、聞き手の「金曜日と月曜日の都合が良い」ということをふまえて「明日は空いている時間帯がございませんので、月曜日の朝はいかがでしょうか」と提案している。ここから、このメッセージは木曜日に残されており、翌日の金曜日には空きがないため、翌週の月曜日の朝が提案されていると考えられる。よって、(A) が正解。

📌 スクリプト　　　　　　　　　　　◀ 71

Questions 83 through 85 refer to the following excerpt from a meeting.

Thanks for coming to this planning meeting for the upcoming Vancouver Toy Convention. We're spending a lot of money on the booth and the promotional materials, so we really need to maximize the value of our presence there. Some of you will attend for the first day only. Others will be asked to attend both days. Our chief of product design has agreed to an on-stage interview with one of the organizers. Naturally, she will take that opportunity to promote our new line of drones. Ms. Leopoldo has been practicing flying the drone all week. She will be posted at our booth immediately afterward to provide demonstrations. Ms. Leopoldo cannot be there the whole time, so it's important that all of us are reasonably proficient.

📌 スクリプトの訳

問題 83-85 は次の会議の抜粋に関するものです。

近く開催される Vancouver おもちゃ大会の企画ミーティングへの出席をありがとうございます。多額のお金をブースと販売促進材料に使っているので、出展していることの価値を最大化することがどうしても必要です。皆さんの何人かは初日だけ参加します。両日とも参加を求められる人もいます。製品デザインのチーフが、主催者の一人とのステージ上のインタビューに同意してくれました。当然のことですが、彼女は私たちの新型ドローンを売り込むこの機会を活用するつもりです。Leopoldo さんは一週間ずっとドローンを飛ばす練習をしています。彼女はデモンストレーションを行うために、インタビューの直後にブースに配置されます。Leopoldo さんはブースにずっといられるわけではないので、私たち全員が相応に上手であることが重要です。

[語注]
☐ upcoming 近く行われる　☐ convention 大会　☐ promotional 販売促進用の
☐ material 材料　☐ maximize ~を最大化する　☐ presence 存在、いること
☐ on-stage ステージ上の　☐ organizer 主催者　☐ post ~を配置する
☐ immediately 直ちに　☐ afterward その後に　☐ reasonably ほどよく
☐ proficient 上手な、熟練した

解説

[選択肢の訳]

83. スピーチの目的は何ですか。

(A) 新しい従業員を紹介すること
(B) 製造過程を説明すること
(C) 販売戦略について話し合うこと　正解
(D) 賞を贈ること

> 話し手は「多額のお金をブースと販売促進材料に使っているので、出展していることの価値を最大化することがどうしても必要です」と述べており、出展を活用し販売を促進させる意気込みを述べている。また、インタビューを受ける製品デザインのチーフについて「当然のことですが、彼女は私たちの新型ドローンを売り込むこの機会を活用するつもりです」と言っており、この出展でどのように新型ドローンの販売を伸ばすかについて話している。よって、(C) が正解。

[語注]
　□production 製造　□strategy 戦略　□award 賞

[選択肢の訳]

84. イベントはどれくらい続きますか。

(A) 1日間
(B) 2日間　正解
(C) 3日間
(D) 4日間

> 話し手は、Some of you will attend for the first day only. Others will be asked to attend both days.「皆さんの何人かは初日だけ参加します。両日とも参加を求められる人もいます」と言っている。both は 2 つのものに対して用いられ、both days は「2 日とも、両日とも」を意味するため、(B) が正解。

[選択肢の訳]
85. Leopoldoさんはイベント期間中何をしますか。
(A) 製品サンプルを配布する
(B) 訪問者をガイドする
(C) ワークショップを開催する
(D) 新しい機器のデモンストレーションをする　　正解

話し手はLeopoldoさんについて、Ms. Leopoldo has been practicing flying the drone all week.「Leopoldoさんは一週間ずっとドローンを飛ばす練習をしています」と述べ、続けて「彼女はデモンストレーションを行うために、インタビューの直後にブースに配置されます」と言っている。このことから、Leopoldoさんは、ドローンのデモンストレーションを行うために練習を重ねていると判断できる。この the drone は、直前の発言中の our new line of drones「私たちの新型ドローン」を指すので、Leopoldoさんがデモンストレーションをするドローンは「新しい機器」だとわかる。よって、(D)が正解。our new line of drones が a new device と言い換えられている。

[語注]
□hand out ~ ~を配布する　□device 機器、装置

🔊 スクリプト　　　◀ 72

Questions 86 through 88 refer to the following telephone message.

Hi. My name's June Barkworth. I'm at 24 Pengallion Way in West Covina. I've relied on your company several times in the past. There seems to be a leak in the water line coming into my house. There is a large puddle of water forming on the driveway. I narrate children's television programs in a small studio in my basement, so I'll be here all day. However, I might not hear someone arriving. <u>I'll have my phone with me</u>. Please tell whoever you send to fix the line to send me a text message when he or she arrives.

🔊 スクリプトの訳

問題 86-88 は次の電話のメッセージに関するものです。

もしもし。私の名前は June Barkworth です。West Covina の Pengallion 通り 24 番地に住んでおります。過去にそちらの会社に何度かお世話になっています。自宅に通じる送水管に水漏れがあるようです。私道に大きな水たまりができているんです。私は子ども向けのテレビ番組のナレーションを自宅の地下の小さなスタジオで行っているので、ここに一日中おります。ですが、誰かが来ても聞こえないかもしれません。<u>電話を手元に持っておきます</u>。誰であれ送水管を修理するためにあなたが派遣する人に、到着したら私にテキストメッセージを送るようにお伝えください。

[語注]
□ rely on ~ ~に頼る　□ leak 漏れ　□ water line 送水管　□ puddle 水たまり
□ form 形をなす、生じる　□ driveway 私道　□ narrate ~のナレーションをする
□ basement 地下

🔊 解説

[選択肢の訳]
86. 話し手は何について電話をしていますか。
　(A) 彼女の自宅の配管の問題　　正解
　(B) 音楽コンサートのチケット
　(C) 彼女の車のブレーキの故障
　(D) 彼女のインターネット接続の問題

> 話し手は、There seems to be a leak in the water line coming into my house.「自宅に通じる送水管に水漏れがあるようです」と言っているので、送水管に関する問題で電話していると考えられる。よって、(A) が正解。the water line coming into my house が her home plumbing と言い換えられている。

[語注]
　　□ plumbing 配管設備　□ fault 欠陥　□ brake ブレーキ

[選択肢の訳]
87. メッセージによると、話し手の仕事は何ですか。
(A) 彼女はウェディングプランナーである。
(B) 彼女はテレビ番組のナレーションをしている。　正解
(C) 彼女はコンピュータネットワークを設置している。
(D) 彼女は雑誌を編集している。

> 話し手は、I narrate children's television programs in a small studio in my basement「私は子ども向けのテレビ番組のナレーションを自宅の地下の小さなスタジオで行っている」と言っているので、(B) が正解。children's television programs が television shows に言い換えられている。I narrate children's television programs の動詞 narrate は現在形で、現在形は習慣や反復的動作を表すので、ナレーションすることは話し手の job「仕事、職業」だと判断できる。

[語注]
□ organizer 立案者　□ install ～を設置する　□ edit ～を編集する

[選択肢の訳]
88. 話し手はなぜ "I'll have my phone with me" と言っていますか。
(A) 連絡方法を提案するため　正解
(B) 彼女がどのように写真を提供するかを説明するため
(C) 彼女が退屈することはないと示すため
(D) 緊張している同僚を元気づけるため

> 話し手はナレーションの仕事を自宅の地下にあるスタジオで行っているため、「誰かが来ても聞こえないかもしれません」と伝えた後に、下線部の発言をしている。よって、下線部の発言は、修理のために作業員が到着したことを話し手に知らせる連絡方法を提案するものだとわかるので、(A) が正解。

[語注]
□ communication 連絡、通信　□ method 方法　□ indicate ～を示す
□ comfort ～を元気づける、～を慰める　□ nervous 緊張している、不安な

スクリプト

Questions 89 through 91 refer to the following talk.

We're nearing the end of the annual employee appreciation dinner. So far, we've recognized many of the staff of the Statham Football Club's corporate division for their excellent work. It's my great honor to present this, the final award of the night. It is for the person voted employee of the year by everyone in the organization. This year, it goes to Jack Burton. Jack's excellent work marketing team merchandise to international fans has almost doubled the team's sales figures. Let's all give him a big round of applause.

スクリプトの訳

問題 89-91 は次の話に関するものです。

年に一度の従業員感謝食事会の終わりに近づいております。これまでのところ、Stathamフットボールクラブのコーポレート部門のスタッフの多くを、彼らの優れた仕事ぶりで高く評価してまいりました。大変光栄なことに、今夜の最後の賞を授与させていただきます。これは、この団体全員の投票によって「今年の従業員」に選ばれた人に贈られるものです。今年、この賞はJack Burtonに贈られます。チームグッズを世界のファンにマーケティングしたJackの素晴らしい仕事によって、チームの売上高がほぼ2倍になりました。彼に盛大な拍手を送りましょう。

[語注]
□near ～に近づく　□annual 年に一度の　□appreciation 感謝
□so far これまでのところ　□recognize A for B AをB（業績など）で認める、高く評価する
□corporate 会社の　□division 部門　□honor 名誉　□present （賞など）を与える
□award 賞　□vote A B AをBに投票で選ぶ　□merchandise 商品
□double ～を2倍にする　□figures 数字　□a round of applause 拍手喝采

解説

[選択肢の訳]

89. 話はどこで行われていると考えられますか。

(A) 宴会　　**正解**
(B) 会議
(C) 勤務評定
(D) 研修ワークショップ

> 話し手は冒頭で「年に一度の従業員感謝食事会の終わりに近づいております」と言っているので、(A) が正解。dinner が banquet に言い換えられている。banquet とは、特別な機会に行われる多くの人が出席する食事会のことで、多くの場合スピーチが伴われる。

[語注]
　　□performance 業績　□review 点検、見直し

[選択肢の訳]

90. Burton さんはどこで働いていますか。

(A) オンラインストア
(B) 旅行代理店
(C) スポーツチーム　　**正解**
(D) エンジニアリング会社

> 話し手は「Statham フットボールクラブのコーポレート部門のスタッフの多く」と言っており、この食事会の参加者は、フットボールクラブの関係者だとわかる。さらに、「今年、この賞は Jack Burton に贈られます」と Burton さんの名前を挙げ、続けて「チームグッズを世界のファンにマーケティングした Jack の素晴らしい仕事によって、チームの売上高がほぼ 2 倍になりました」と功績を説明している。よって、Burton さんはフットボールクラブの社員で、チームグッズのマーケティングを担当していると判断できるため、(C) が正解。

[語注]
　　□agency 代理店

[選択肢の訳]

91. "it goes to Jack Burton" という発言で、話し手は何を意味していますか。

(A) Burton さんは会社の新しいリーダーになる予定だ。
(B) Burton さんは会社によって高く評価された。　　正解
(C) Burton さんのオフィスはツアーに参加する予定だ。
(D) Burton さんはある書類に責任がある。

> 話し手は、employee of the year「今年の従業員」という賞の説明をした後に、it goes to Jack Burton と該当の発言をしている。it は employee of the year を指しているので、下線部はその賞が Burton さんに贈られる、すなわち、Burton さんの功績を認めることを意味しているとわかる。よって、(B) が正解。recognize は人や作品などを「高く評価する」という意味がある。

[語注]

□ include 〜を含む　□ be responsible for 〜 〜に責任がある　□ certain ある、特定の

スクリプト

Questions 92 through 94 refer to the following talk.

I hope you are all learning a lot on this tour of the facility. Bryson Corporation produces five different industrial chemicals at this plant. They are used in cleaning, medicine, and research. Please keep in mind that this is a sterile environment. You must keep your hands off the equipment for your own safety and to preserve the quality of the products. This large machine is one of our main chemical reactors. There aren't any windows, but there is a camera inside. Let's watch the video of an experiment that they're conducting in there right now.

📌 スクリプトの訳

問題 92-94 は次の話に関するものです。

皆さまがこの施設のツアーで多くのことを学んでいると願っています。Bryson 社はこの工場で、5つの異なる工業化学製品を製造しています。それらはクリーニング、医薬品、そして研究で用いられます。ここは無菌環境だということを覚えておいてください。ご自身の安全のため、そして製品の質を維持するために、装置には手を触れないようにしなければなりません。この大きな機械は、私たちの主要な化学反応器の1つです。のぞき窓はありませんが、中にカメラがあります。ちょうど今、反応器の中で行われている実験の動画を見てみましょう。

[語注]
☐ facility 施設 ☐ industrial 工業の、産業の ☐ chemicals 化学製品 ☐ plant 工場
☐ keep ~ in mind ~を心に留めておく ☐ sterile 無菌の ☐ equipment 装置
☐ safety 安全 ☐ preserve ~を維持する ☐ chemical reactor 化学反応器
☐ experiment 実験 ☐ conduct ~を行う

解説

[選択肢の訳]

92. 話はどこで行われていると考えられますか。
(A) クリーニング屋
(B) 出荷場
(C) 薬局
(D) 化学工場　　正解

> 話し手は冒頭で、Bryson Corporation produces five different industrial chemicals at this plant.「Bryson 社はこの工場で、5つの異なる工業化学製品を製造しています」と言っているため、化学製品を製造している工場で行われている話だとわかる。よって、(D) が正解。

[語注]
□ shipping 出荷　□ chemical 化学の

[選択肢の訳]

93. 話によると、ツアーで許可されていないことは何ですか。
(A) 写真を撮ること
(B) 物に触れること　　正解
(C) 飲食物を持ち込むこと
(D) 携帯機器を使用すること

> 話し手は、You must keep your hands off the equipment「装置には手を触れないようにしなければなりません」と言っている。keep your hands off は「手が触れていない状態を保つ」という意味から「触れない」という意味になるので、(B) が正解。equipment が objects に言い換えられている。You must ～という義務を伝える表現を使って、「許可されていない」行為を伝えている。

[語注]
□ permit ～を許可する、～を許す　□ object 物体　□ device 装置

[選択肢の訳]

94. 聞き手は次に何をすると考えられますか。

(A) カフェテリアに行く
(B) バスに乗る
(C) 作業員と話す
(D) 実験を見る　　正解

> 話し手は最後に、Let's do ～「～しましょう」という勧誘を表す表現を用いて、Let's watch the video of an experiment that they're conducting in there right now.「ちょうど今、反応器の中で行われている実験の動画を見てみましょう」と聞き手に呼びかけている。よって、(D) が正解。

[語注]
- □ cafeteria カフェテリア、セルフサービスの食堂　□ board ～に乗る
- □ observe ～をよく見る、～を観察する

スクリプト

Questions 95 through 97 refer to the following telephone message and list.

Hi Kim. It's Greg Frasier from accounting. We've just found an error in a client invoice, and I need to clear it up urgently. It's for Grandview Golf Course. I'm planning on visiting them tomorrow at around noon to explain the problem and to apologize. I'll be here for the morning interviews, but I don't think I'll be back in time for the interview at 1:00. I really want to meet the candidate because it's an important position in our department. Can you call the applicant and see if it's possible to reschedule that one for three o'clock?

📢 スクリプトの訳

問題 95-97 は次の電話のメッセージとリストに関するものです。

もしもし、Kim。経理の Greg Frasier です。私たちは顧客の請求書に間違いを見つけたところで、私は緊急にそれを解決する必要があります。その請求書は Grandview ゴルフコース宛てのものです。私は明日の正午ごろに彼らを訪問して、問題を説明し謝罪する予定です。私は午前中の面接のためにここにいますが、1 時の面接に間に合うように戻って来られるとは思いません。私たち経理部門の重要なポジションなので、私はこの候補者とはどうしても会いたいんです。応募者に電話して、この面接を 3 時に変更することが可能かどうか確認してくれますか。

午前 10 時	Tim Leslie
午前 11 時	Margo Simpson
午後 1 時	Abao Chang
午後 2 時	Victoria Hammond

［語注］
- □ error 誤り　□ invoice 請求書、送り状　□ clear up 〜 〜を解決する
- □ urgently 緊急に　□ apologize 謝罪する　□ in time for 〜 〜に間に合って
- □ candidate 候補者　□ department 部門　□ applicant 応募者
- □ reschedule 〜の日程を変更する

解説

[選択肢の訳]

95. 話し手はどの部門で働いていますか。

(A) カスタマーサポート
(B) 企画
(C) 経理　　正解
(D) 研究開発

> 話し手は冒頭で It's Greg Frasier from accounting. 「経理の Greg Frasier です」と名乗っているので、(C) が正解。前置詞の from には、会社や組織の所属を表す用法がある。

[選択肢の訳]

96. 話し手はなぜ明日忙しいのですか。

(A) 彼は報告書を提出する予定だ。
(B) 彼は職務明細書を書く予定だ。
(C) 彼は顧客を訪問する予定だ。　　正解
(D) 彼はプレゼンテーションを行う予定だ。

> 話し手は、顧客の請求書に間違いを発見したため、I'm planning on visiting them tomorrow at around noon to explain the problem and to apologize. 「私は明日の正午ごろに彼らを訪問して、問題を説明し謝罪する予定です」と言っている。I'm planning on visiting them の them は、顧客である Grandview ゴルフコースを指す。よって、(C) が正解。

[語注]

□ submit 〜を提出する　□ description 説明書、記述

[選択肢の訳]

97. 図を見てください。話し手はどの面接の時間を変更したいと思っていますか。

(A) Tim Leslie
(B) Margo Simpson
(C) Abao Chang　正解
(D) Victoria Hammond

> 話し手は、「1時の面接に間に合うように戻って来られるとは思いません」と伝え、続けて I really want to meet the candidate「私はこの候補者とはどうしても会いたいんです」と言っているため、the candidate は午後1時に面接予定の候補者だとわかる。時間変更について話し手は最後に Can you call the applicant and see if it's possible to reschedule that one for three o'clock?「応募者に電話して、この面接を3時に変更することが可能かどうか確認してくれますか」と言っている。この the applicant「応募者」は、I really want to meet the candidate の the candidate「候補者」であり、この候補者との面接は午後1時。リストの1時を確認すると、(C) Abao Chang が正解とわかる。

スクリプト　　　　　　　　　　　　　　　　　◀ 76

Questions 98 through 100 refer to the following announcement and ticket.

Good morning, everyone. We're about to get started on our downriver adventure. I'm Glen Sanders. I'll be leading the group today. I've divided us into four teams according to your preferences, as indicated on the survey when you purchased your ticket. Red tickets are for people looking for maximum excitement. Blue is for people who are looking for a more leisurely experience. Green is our largest raft. It's for family groups. Finally, Orange is for people who would prefer to be in a solo raft. Please enjoy the experience. We'll get to our final destination in Clarkson at 4:00 P.M.

🔖 スクリプトの訳

問題 98-100 は次のお知らせとチケットに関するものです。

皆さま、おはようございます。間もなく川下りアドベンチャーを始めます。私は Glen Sanders と言います。私が今日このグループを案内する予定です。チケットご購入時に調査票に示していただいたお好みに応じて、グループを 4 つのチームに分けました。赤いチケットは最大限の興奮を求めていらっしゃる方々向けです。青はそれよりはのんびりとした体験を求めていらっしゃる方々向けです。緑は私たちが持っている最大のゴムボートです。こちらは、家族グループ向けですね。最後に、オレンジは一人でボートに乗りたい方々向けです。この経験をお楽しみください。最終目的地である Clarkson には午後 4 時に到着します。

Whitewater アドベンチャーズ
Thornton 川の終日ラフティング
開始:6 月 21 日土曜日、午前 9 時 30 分
大人 1 名様に有効
緑

［語注］
- □ be about to *do* まさに〜するところである　□ downriver 下流へ向かう
- □ divide *A* into *B* A を B に分ける　□ according to 〜　〜に応じて　□ preference 好み
- □ indicate 〜を示す　□ survey 調査　□ purchase 〜を購入する　□ maximum 最大限の
- □ leisurely のんびりした　□ raft ゴムボート　□ destination 目的地

解説

[選択肢の訳]

98. Sandersさんは誰だと考えられますか。

(A) ツアーガイド　　**正解**
(B) チケット販売員
(C) 観光客
(D) 旅行代理店員

> Sandersさんは「私はGlen Sandersと言います」と自己紹介していることから、このお知らせの話し手である。さらに、冒頭で「間もなく川下りアドベンチャーを始めます」と伝え、「私が今日このグループを案内する予定です」と言っているので、Sandersさんは川下りツアーに参加するグループを案内する仕事をしていると判断できる。よって、(A)が正解。

[語注]
□ agent 代理店、代理人

[選択肢の訳]

99. 図を見てください。チケット保有者について何が示唆されていますか。

(A) 彼女は興奮する旅を望んでいる。
(B) 彼女はリラックスしたい。
(C) 彼女は1人席のゴムボートで旅をする予定だ。
(D) 彼女は家族と旅行している。　　**正解**

> 図を見ると、保有者は「緑」にグループ分けされていることがわかる。「緑」のチケットについては、「緑は私たちが持っている最大のゴムボートです」と述べられており、続けて「こちらは、家族グループ向けですね」と説明しているので、この保有者はおそらく家族で参加していると考えられる。よって、(D)が正解。なお、(C)のa single-seater raftはa solo raftの言い換えで、「オレンジ」のグループが該当する。

［選択肢の訳］

100. ツアーは何時に終わると考えられますか。

(A) 午前 10 時 30 分
(B) 午前 11 時
(C) 午後 4 時　　正解
(D) 午後 5 時

話し手は、We'll get to our final destination in Clarkson at 4:00 P.M.「最終目的地である Clarkson には午後 4 時に到着します」と説明している。川下りツアーなので、目的地到着がツアーの終了と考えられるため、(C) が正解。

■ 模試1　正解一覧

32	B	55	D	78	C
33	B	56	B	79	D
34	C	57	D	80	A
35	C	58	D	81	C
36	A	59	C	82	C
37	D	60	B	83	C
38	B	61	C	84	B
39	D	62	C	85	D
40	D	63	D	86	B
41	C	64	B	87	A
42	D	65	A	88	A
43	C	66	C	89	A
44	A	67	D	90	C
45	A	68	C	91	B
46	D	69	C	92	D
47	D	70	B	93	B
48	C	71	D	94	D
49	A	72	B	95	C
50	A	73	D	96	A
51	B	74	A	97	B
52	C	75	C	98	A
53	D	76	A	99	D
54	A	77	B	100	C

■ 模試 2　正解一覧

問	解	問	解	問	解
32	A	55	D	78	D
33	B	56	B	79	C
34	C	57	D	80	A
35	C	58	D	81	C
36	A	59	C	82	A
37	D	60	B	83	C
38	B	61	C	84	B
39	D	62	A	85	D
40	D	63	B	86	A
41	C	64	B	87	B
42	B	65	A	88	A
43	C	66	C	89	A
44	A	67	D	90	C
45	A	68	C	91	B
46	D	69	A	92	D
47	D	70	B	93	B
48	C	71	D	94	D
49	A	72	B	95	C
50	A	73	D	96	C
51	B	74	C	97	C
52	C	75	A	98	A
53	D	76	D	99	D
54	A	77	B	100	C

実施日　　年　月　日

Part 3

No.	ANSWER				No.	ANSWER				No.	ANSWER			
	A	B	C	D		A	B	C	D		A	B	C	D
32	Ⓐ	Ⓑ	Ⓒ	Ⓓ	42	Ⓐ	Ⓑ	Ⓒ	Ⓓ	52	Ⓐ	Ⓑ	Ⓒ	Ⓓ
33	Ⓐ	Ⓑ	Ⓒ	Ⓓ	43	Ⓐ	Ⓑ	Ⓒ	Ⓓ	53	Ⓐ	Ⓑ	Ⓒ	Ⓓ
34	Ⓐ	Ⓑ	Ⓒ	Ⓓ	44	Ⓐ	Ⓑ	Ⓒ	Ⓓ	54	Ⓐ	Ⓑ	Ⓒ	Ⓓ
25	Ⓐ	Ⓑ	Ⓒ	Ⓓ	45	Ⓐ	Ⓑ	Ⓒ	Ⓓ	55	Ⓐ	Ⓑ	Ⓒ	Ⓓ
36	Ⓐ	Ⓑ	Ⓒ	Ⓓ	46	Ⓐ	Ⓑ	Ⓒ	Ⓓ	56	Ⓐ	Ⓑ	Ⓒ	Ⓓ
37	Ⓐ	Ⓑ	Ⓒ	Ⓓ	47	Ⓐ	Ⓑ	Ⓒ	Ⓓ	57	Ⓐ	Ⓑ	Ⓒ	Ⓓ
38	Ⓐ	Ⓑ	Ⓒ	Ⓓ	48	Ⓐ	Ⓑ	Ⓒ	Ⓓ	58	Ⓐ	Ⓑ	Ⓒ	Ⓓ
39	Ⓐ	Ⓑ	Ⓒ	Ⓓ	49	Ⓐ	Ⓑ	Ⓒ	Ⓓ	59	Ⓐ	Ⓑ	Ⓒ	Ⓓ
40	Ⓐ	Ⓑ	Ⓒ	Ⓓ	50	Ⓐ	Ⓑ	Ⓒ	Ⓓ	60	Ⓐ	Ⓑ	Ⓒ	Ⓓ
41	Ⓐ	Ⓑ	Ⓒ	Ⓓ	51	Ⓐ	Ⓑ	Ⓒ	Ⓓ	61	Ⓐ	Ⓑ	Ⓒ	Ⓓ

No.	ANSWER			
	A	B	C	D
62	Ⓐ	Ⓑ	Ⓒ	Ⓓ
63	Ⓐ	Ⓑ	Ⓒ	Ⓓ
64	Ⓐ	Ⓑ	Ⓒ	Ⓓ
65	Ⓐ	Ⓑ	Ⓒ	Ⓓ
66	Ⓐ	Ⓑ	Ⓒ	Ⓓ
67	Ⓐ	Ⓑ	Ⓒ	Ⓓ
68	Ⓐ	Ⓑ	Ⓒ	Ⓓ
69	Ⓐ	Ⓑ	Ⓒ	Ⓓ
70	Ⓐ	Ⓑ	Ⓒ	Ⓓ

Part 4

No.	ANSWER				No.	ANSWER				No.	ANSWER			
	A	B	C	D		A	B	C	D		A	B	C	D
71	Ⓐ	Ⓑ	Ⓒ	Ⓓ	81	Ⓐ	Ⓑ	Ⓒ	Ⓓ	91	Ⓐ	Ⓑ	Ⓒ	Ⓓ
72	Ⓐ	Ⓑ	Ⓒ	Ⓓ	82	Ⓐ	Ⓑ	Ⓒ	Ⓓ	92	Ⓐ	Ⓑ	Ⓒ	Ⓓ
73	Ⓐ	Ⓑ	Ⓒ	Ⓓ	83	Ⓐ	Ⓑ	Ⓒ	Ⓓ	93	Ⓐ	Ⓑ	Ⓒ	Ⓓ
74	Ⓐ	Ⓑ	Ⓒ	Ⓓ	84	Ⓐ	Ⓑ	Ⓒ	Ⓓ	94	Ⓐ	Ⓑ	Ⓒ	Ⓓ
75	Ⓐ	Ⓑ	Ⓒ	Ⓓ	85	Ⓐ	Ⓑ	Ⓒ	Ⓓ	95	Ⓐ	Ⓑ	Ⓒ	Ⓓ
76	Ⓐ	Ⓑ	Ⓒ	Ⓓ	86	Ⓐ	Ⓑ	Ⓒ	Ⓓ	96	Ⓐ	Ⓑ	Ⓒ	Ⓓ
77	Ⓐ	Ⓑ	Ⓒ	Ⓓ	87	Ⓐ	Ⓑ	Ⓒ	Ⓓ	97	Ⓐ	Ⓑ	Ⓒ	Ⓓ
78	Ⓐ	Ⓑ	Ⓒ	Ⓓ	88	Ⓐ	Ⓑ	Ⓒ	Ⓓ	98	Ⓐ	Ⓑ	Ⓒ	Ⓓ
79	Ⓐ	Ⓑ	Ⓒ	Ⓓ	89	Ⓐ	Ⓑ	Ⓒ	Ⓓ	99	Ⓐ	Ⓑ	Ⓒ	Ⓓ
80	Ⓐ	Ⓑ	Ⓒ	Ⓓ	90	Ⓐ	Ⓑ	Ⓒ	Ⓓ	100	Ⓐ	Ⓑ	Ⓒ	Ⓓ

実施日　　年　月　日

Part 3

No.	ANSWER A B C D	No.	ANSWER A B C D	No.	ANSWER A B C D
32	A B C D	42	A B C D	52	A B C D
33	A B C D	43	A B C D	53	A B C D
34	A B C D	44	A B C D	54	A B C D
35	A B C D	45	A B C D	55	A B C D
36	A B C D	46	A B C D	56	A B C D
37	A B C D	47	A B C D	57	A B C D
38	A B C D	48	A B C D	58	A B C D
39	A B C D	49	A B C D	59	A B C D
40	A B C D	50	A B C D	60	A B C D
41	A B C D	51	A B C D	61	A B C D
				62	A B C D
				63	A B C D
				64	A B C D
				65	A B C D
				66	A B C D
				67	A B C D
				68	A B C D
				69	A B C D
				70	A B C D

Part 4

No.	ANSWER A B C D	No.	ANSWER A B C D	No.	ANSWER A B C D
71	A B C D	81	A B C D	91	A B C D
72	A B C D	82	A B C D	92	A B C D
73	A B C D	83	A B C D	93	A B C D
74	A B C D	84	A B C D	94	A B C D
75	A B C D	85	A B C D	95	A B C D
76	A B C D	86	A B C D	96	A B C D
77	A B C D	87	A B C D	97	A B C D
78	A B C D	88	A B C D	98	A B C D
79	A B C D	89	A B C D	99	A B C D
80	A B C D	90	A B C D	100	A B C D

実施日　年　月　日

Part 3

No.	ANSWER				No.	ANSWER				No.	ANSWER			
	A	B	C	D		A	B	C	D		A	B	C	D
32	Ⓐ	Ⓑ	Ⓒ	Ⓓ	42	Ⓐ	Ⓑ	Ⓒ	Ⓓ	52	Ⓐ	Ⓑ	Ⓒ	Ⓓ
33	Ⓐ	Ⓑ	Ⓒ	Ⓓ	43	Ⓐ	Ⓑ	Ⓒ	Ⓓ	53	Ⓐ	Ⓑ	Ⓒ	Ⓓ
34	Ⓐ	Ⓑ	Ⓒ	Ⓓ	44	Ⓐ	Ⓑ	Ⓒ	Ⓓ	54	Ⓐ	Ⓑ	Ⓒ	Ⓓ
25	Ⓐ	Ⓑ	Ⓒ	Ⓓ	45	Ⓐ	Ⓑ	Ⓒ	Ⓓ	55	Ⓐ	Ⓑ	Ⓒ	Ⓓ
36	Ⓐ	Ⓑ	Ⓒ	Ⓓ	46	Ⓐ	Ⓑ	Ⓒ	Ⓓ	56	Ⓐ	Ⓑ	Ⓒ	Ⓓ
37	Ⓐ	Ⓑ	Ⓒ	Ⓓ	47	Ⓐ	Ⓑ	Ⓒ	Ⓓ	57	Ⓐ	Ⓑ	Ⓒ	Ⓓ
38	Ⓐ	Ⓑ	Ⓒ	Ⓓ	48	Ⓐ	Ⓑ	Ⓒ	Ⓓ	58	Ⓐ	Ⓑ	Ⓒ	Ⓓ
39	Ⓐ	Ⓑ	Ⓒ	Ⓓ	49	Ⓐ	Ⓑ	Ⓒ	Ⓓ	59	Ⓐ	Ⓑ	Ⓒ	Ⓓ
40	Ⓐ	Ⓑ	Ⓒ	Ⓓ	50	Ⓐ	Ⓑ	Ⓒ	Ⓓ	60	Ⓐ	Ⓑ	Ⓒ	Ⓓ
41	Ⓐ	Ⓑ	Ⓒ	Ⓓ	51	Ⓐ	Ⓑ	Ⓒ	Ⓓ	61	Ⓐ	Ⓑ	Ⓒ	Ⓓ

No.	ANSWER			
	A	B	C	D
62	Ⓐ	Ⓑ	Ⓒ	Ⓓ
63	Ⓐ	Ⓑ	Ⓒ	Ⓓ
64	Ⓐ	Ⓑ	Ⓒ	Ⓓ
65	Ⓐ	Ⓑ	Ⓒ	Ⓓ
66	Ⓐ	Ⓑ	Ⓒ	Ⓓ
67	Ⓐ	Ⓑ	Ⓒ	Ⓓ
68	Ⓐ	Ⓑ	Ⓒ	Ⓓ
69	Ⓐ	Ⓑ	Ⓒ	Ⓓ
70	Ⓐ	Ⓑ	Ⓒ	Ⓓ

Part 4

No.	ANSWER				No.	ANSWER				No.	ANSWER			
	A	B	C	D		A	B	C	D		A	B	C	D
71	Ⓐ	Ⓑ	Ⓒ	Ⓓ	81	Ⓐ	Ⓑ	Ⓒ	Ⓓ	91	Ⓐ	Ⓑ	Ⓒ	Ⓓ
72	Ⓐ	Ⓑ	Ⓒ	Ⓓ	82	Ⓐ	Ⓑ	Ⓒ	Ⓓ	92	Ⓐ	Ⓑ	Ⓒ	Ⓓ
73	Ⓐ	Ⓑ	Ⓒ	Ⓓ	83	Ⓐ	Ⓑ	Ⓒ	Ⓓ	93	Ⓐ	Ⓑ	Ⓒ	Ⓓ
74	Ⓐ	Ⓑ	Ⓒ	Ⓓ	84	Ⓐ	Ⓑ	Ⓒ	Ⓓ	94	Ⓐ	Ⓑ	Ⓒ	Ⓓ
75	Ⓐ	Ⓑ	Ⓒ	Ⓓ	85	Ⓐ	Ⓑ	Ⓒ	Ⓓ	95	Ⓐ	Ⓑ	Ⓒ	Ⓓ
76	Ⓐ	Ⓑ	Ⓒ	Ⓓ	86	Ⓐ	Ⓑ	Ⓒ	Ⓓ	96	Ⓐ	Ⓑ	Ⓒ	Ⓓ
77	Ⓐ	Ⓑ	Ⓒ	Ⓓ	87	Ⓐ	Ⓑ	Ⓒ	Ⓓ	97	Ⓐ	Ⓑ	Ⓒ	Ⓓ
78	Ⓐ	Ⓑ	Ⓒ	Ⓓ	88	Ⓐ	Ⓑ	Ⓒ	Ⓓ	98	Ⓐ	Ⓑ	Ⓒ	Ⓓ
79	Ⓐ	Ⓑ	Ⓒ	Ⓓ	89	Ⓐ	Ⓑ	Ⓒ	Ⓓ	99	Ⓐ	Ⓑ	Ⓒ	Ⓓ
80	Ⓐ	Ⓑ	Ⓒ	Ⓓ	90	Ⓐ	Ⓑ	Ⓒ	Ⓓ	100	Ⓐ	Ⓑ	Ⓒ	Ⓓ

キリトリ

[著者]
Media Beacon（メディアビーコン）

1999年創業。語学教材に特化した教材制作会社。TOEIC、英検をはじめとする英語の資格試験から、子ども英語、中学・高校英語、英会話、ビジネス英語まで、英語教材全般の編集制作を幅広く行う。また、同時に英語力アップを目指す方のための指導も行っている。『TOEIC L&R テストをひとつひとつわかりやすく。』(Gakken)、『TOEIC L&R TEST 990点獲得 最強 Part 7 模試』、『TOEIC L&R TEST 990点獲得 Part 5&6 難問模試』、『TOEIC L&R TEST 990点獲得 Part 1-4 難問模試』(以上、ベレ出版)、『TOEIC L&R テスト 文で覚える単熟語 SCORE800』、『TOEIC L&R テスト 文で覚える単熟語 SCORE600』(以上、旺文社)、『はじめての TOEIC L&R テスト 全パート徹底対策』、『TOEIC L&R テスト 文法集中対策』(以上、新星出版社) などがある。

YouTube「ビーコン イングリッシュ チャンネル」にて英語学習者のために役立つ情報を配信中。
メディアビーコン公式LINE にて、TOEIC テストのスコアアップに役立つ情報を発信中。

[監修]
Jun（ジュン）

ManyMilesAhead 運営、TOEIC990点満点35回以上、英検1級合格20回以上、TOEFL iBT104 (MyBest scores110)、TOEIC SW190/200、英語発音指導士。著書に『超速スコアアップ特急 Part2&5を狙え』(朝日新聞出版) がある。

TOEIC® L&R TEST Part 3&4 の鬼退治

[PRODUCTION STAFF]

装丁デザイン	Pesco Paint（清水裕久）
DTP	Pesco Paint
イラスト	2階のスタジオ、いけがみますみ
校正	鷗来堂、AtoZ English
音声	日本語：江口里奈　英語：A to Z English

© Media Beacon, Inc. 2025 Printed in Japan

本書の無断転載、複製、複写（コピー）、翻訳を禁じます。
本書を代行業者等の第三者に依頼してスキャンやデジタル化することは、たとえ個人や家庭内の利用であっても、著作権法上、認められておりません。

ZPIXEL.AI・jamrut・Thiago・Felix・Nomad_Soul・Florian Dussart
Zaleman・PZPIXEL.AI／Adobe Stock